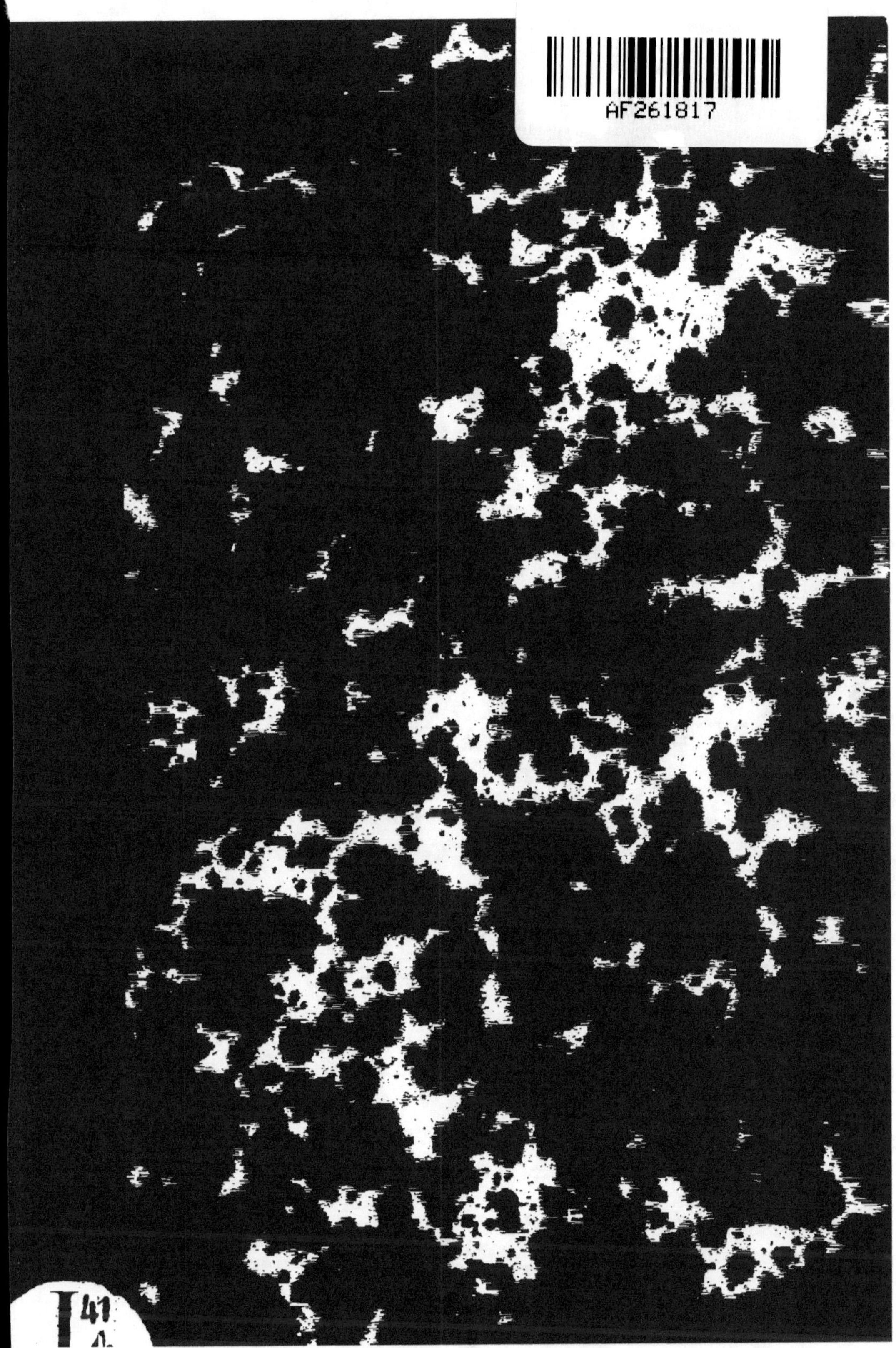

# COMPTE RENDU

## AU MINISTRE DE LA GUERRE,

### PAR LE LIEUTENANT-GÉNÉRAL

# A. DILLON,

### COMMANDANT L'ARMÉE DES ARDENNES;

### SUIVI

# DE PIÈCES JUSTIFICATIVES,

Et contenant des détails militaires dont la connoissance est nécessaire pour apprécier la partie la plus intéressante de la mémorable campagne de 1792.

## NOUVELLE ÉDITION,

corrigée et augmentée.

---

## A PARIS,

Chez MOREAU, rue de l'Hirondelle, n°. 8,
Et chez les marchands de nouveautés.

---

## 1792.

# COMPTE RENDU

## PAR LE LIEUTENANT-GÉNÉRAL

## A. DILLON,

## AU MINISTRE DE LA GUERRE.

*Paris, le 28 octobre 1792, l'an premier de la république française.*

LE 15 octobre au soir, me trouvant à mon camp de Fleury, de l'autre côté de Verdun, j'étois occupé à dicter l'ordre pour faire camper le lendemain l'armée des Ardennes que je commandois à Thyl, village situé au bord de la forêt de Mangienne, dans laquelle se trouvoit encore engagée l'arrière-garde de l'armée prussienne, lorsque je reçus un billet du général Kellermann qui m'invitoit à me rendre immédiatement à Verdun. Il me communiqua, à mon arrivée, un arrêté du conseil exécutif, qui m'ordonnoit de venir à Paris pour y rendre compte de ma conduite, et ordonnoit en même temps au général Kellermann de conférer mon commandement au lieutenant-général Valence. Quoique surpris d'un pareil ordre, daté du 13 octobre, jour même où le ministre de la guerre par *interim* avoit appris le premier de moi la reddition de Verdun, je me hâtai d'y obéir, sans même retourner à mon camp, et je dépêchai, le lendemain matin 17, le lieutenant-colonel aide-de-camp Schenetz pour porter au conseil

A

exécutif une lettre. ( *Voyez pièces justificatives*, N°. I. )

En arrivant à Paris, j'écrivis une lettre ( *Voyez pièces justificatives*, N°. II. ) au ministre de la guerre, en date du 21 octobre.

Le 22 au soir je me rendis aux tuileries, et demandai par écrit à être admis au conseil exécutif. Sa réponse fut un arrêté qui m'enjoint de rendre au ministre de la guerre le compte qui m'étoit prescrit.

C'est en conséquence de cet ordre que je vais rendre le présent compte. Le ministre de la guerre m'a prescrit de ne le commencer qu'à la date de mon départ de Valenciennes ; je ne me permettrai en conséquence que quelques observations sur le résultat de ma conduite à la frontière du nord.

J'arrivai à Avesnes le 18 juillet dernier, le lendemain du jour où 15000 Autrichiens, commandés par Clayrfait, s'étoient emparés de Bavay. Dès le même soir j'augmentai le camp de Maubeuge, et je jetai un bataillon dans Avesnes, qui étoit fort menacé. Je trouvai cette placé, ainsi que le Quesnoy et Landrecy, absolument dépourvus de toutes les manières. En moins de huit jours elles furent non-seulement hors d'insultes, mais même en état de soutenir un siége.

On doit se rappeler, par le résultat même du conseil de guerre que j'assemblai à Valenciennes le 23 juillet, que j'avois trouvé le département du nord dans une confusion inexprimable, les troupes dispersées dans des garnisons qui ne pouvoient être menacées, sans qu'on eût rassemblé aucune force disponible pour faire tête à l'ennemi, qui ravageoit impunément les belles plaines qui entourent la forêt de Mormale. C'étoit le départ précipité des armées de Luckner et de Lafayette qui avoit attiré ce pressant danger sur le département du nord ; il sembloit qu'on eût voulu le livrer à l'ennemi, dont les avantages furent arrêtés par la sage prévoyance du général Dumouriez, et par les vigoureuses mesures qu'il avoit psises avant mon arrivée.

Quant à moi, le résultat de mes opérations fut, pendant un mois que je commandai en chef sur la frontière du nord, d'augmenter le camp de Maulde de neuf bataillons, celui de Maubeuge de deux ; d'en former un de 7000 hommes à Pont-sur-Sambre ; de chasser les ennemis de tous les points qu'ils occupoient sur le territoire français à mon arrivée ; de les inquiéter sur leur propre terrein ; d'approvisionner les places, de completter les dépôts des régimens de ligne ; de lever et d'organiser huit compagnies franches que je laissai à moitié complettes ; de requérir et d'encourager les gardes nationales à me fournir un corps de 10000 hommes, ce dont je convins avec le département. Les citoyens Delmas, Bellegarde et Dubois-Dubais, commissaires du corps législatif, eurent une pleine et entière connoissance de toutes mes correspondances, dont ils virent les originaux, et dont je leur donai copie ; ils purent apprécier ma conduite dans son ensemble, les motifs de mon ordre du 13 août ; ils rendirent justice à mes intentions et à ma loyauté, parce qu'étant sur les lieux, ils avoient reconnu la vérité, ainsi que la fausseté des imputations qui avoit élevé des nuages contre moi au sein du corps législatif. Ils m'en donnèrent la preuve en me confirmant dans le commandement en chef de la frontière du nord, lorsque deux jours après j'appris que le nouveau pouvoir exécutif, et ensuite la confiance nationale, avoient investi le lieutenant-général Dumouriez de l'étendue du commandement dont avoit joui Lafayette. Cette nomination me mettoit aux ordres de Dumouriez que je venois de commander. Il s'agissoit de combattre les ennemis de la patrie ; je n'hésitai point à me ranger sous les ordres de Dumouriez, quoique je fusse son ancien.

Ce général me proposa d'aller commander la partie de l'armée Lafayette, qui se trouvoit depuis Rocroy jusqu'à Montmédy, sous le nom *de l'armée des Ardennes.* Il manda au ministre qu'un seul homme ne pouvoit commander avec succès depuis la mer jusqu'à la Meuse; sa présence devenant nécessaire à Sedan, d'après le désordre qu'avoit entraîné, dans cette partie, la honteuse fuite de Lafayette, il partit pour s'y rendre le 25 août. Le 27, les commissaires du corps législatif me requirent d'aller joindre le général Dumourier à Sedan. Je partis sur le champ, et j'arrivai à Sedan le 29. La preuve que le pouvoir exécutif avoit pleinement reconnu la fausseté des imputations qui m'avoit été faites, est la lettre que je reçus du ministre Servan, avant d'arriver à Sedan, par un courrier extraordinaire; il ignoroit alors que le général Dumouriez s'y fût rendu; et puisqu'il me croyoit seul commandant dans cette partie, c'est la preuve qu'il m'en croyoit digne. (*Voyez cette lettre, pièces justificatives*, N°. III. )

Je ne suis entré dans ces détails, que parce que j'ai lu dans les papiers publics que quelques membres de la convention paroissoient vouloir renouveler des inculpations mal fondées, dont je m'étois parfaitement lavé. Quoiqu'il soit de principe que l'on ne puisse être jugé deux fois pour les mêmes faits, sur-tout lorsqu'on a triomphé de la calomnie, je suis prêt néanmoins de donner de nouveau toutes les explications que l'on pourroit desirer. Je n'ai besoin, pour y parvenir, que de demander la remise des pièces que j'ai fournies à mes premiers juges, les citoyens Delmas, Bellegarde et Dubois-Dubais, qui sont maintenant membres de la convention nationale.

*Extrait du journal du lieutenant-général A. DILLON,*
*commencé à Sedan le 30 août 1792.*

Je partis de Valenciennes le 27 août, en conséquence de la réquisition des commissaires, et j'arrivai à Sedan le 29. Le général Dumouriez y étoit arrivé un jour avant moi.

Le 30, le général Dumouriez assembla près de lui les officiers-généraux qui étoient à Sedan ; il exposa la situation déplorable où se trouvoit l'armée que venoit d'abandonner Lafayette. On avoit tout sacrifié en Flandre pour former les armées de Luckner et Lafayette, et à peine celle-ci se trouvoit avoir 17000 hommes disponibles, en ne laissant que les garnisons absolument indispensables dans Sedan et Mézières, encore étoit-elle éparpillée dans divers points inutiles à garder : cependant l'ennemi avoit déja passé la Chiers, sans y trouver d'opposition, s'étoit emparé de Longvy, et étoit au moment, ou de marcher sur Verdun, ou de faire le siége de Montmédy : il étoit impossible de s'opposer à sa marche.

L'armée prussienne, forte de 55,000 hommes, étoit en entier sur la frontière, ou déjà en France. Clayrfait, avec 16,000 hommes, étoit arrivé des Pays-Bas, et avoit pris poste sur la Chiers, à la droite de l'armée prussienne. On savoit qu'une seconde colonne d'Autrichiens, commandée par Hohenlohe, une d'émigrés et une de Hessois succéderoient aux Prussiens, à mesure qu'ils avanceroient ; on savoit aussi que le maréchal Luckner n'avoit pas plus de 15,000 hommes disponibles, en laissant de suffisantes garnisons dans ses places. En partant de la cruelle position où nous étions le 31 août, quel est l'homme, pour peu qu'il soit instruit, quel est le bon citoyen qui ose se permettre de calomnier d'avance les généraux, sans connoître des détails sur les positions où ils se sont trouvés, ni les habiles manœuvres qui ont opéré la glorieuse campagne qui vient de se terminer ?

Les officiers-généraux assemblés par Dumouriez, reconnoissant l'impossibilité d'attaquer de front un

ennemi aussi formidable, que l'on ne pouvoit empêcher de passer la Meuse, guéable dans 64 endroits de Verdun à Stenay, pensèrent que le meilleur
moyen seroit de faire une puissante diversion dans
les Pays-Bas, en laissant seulement de bonnes garnisons dans les places, depuis Sedan jusqu'à Maubeuge. J'ouvris moi-même cet avis ; Dumouriez
pensa comme moi : mais en attendant la décision du
pouvoir exécutif, il prit, avec autant de courage
que de talent, toutes les mesures nécessaires pour
harceler l'ennemi et l'arrêter dans sa marche, en at-
tandant qu'il se fût fait une armée en état de combattre.

Dès le 29 août, il avoit détaché le maréchal-de-
camp Galbaud, pour tâcher de se jeter dans Verdun
avec deux bataillons d'infanterie. La chose étoit devenue impossible ; les ennemis avoient déja environné la place ; et, lorsque le 30 il assembla les
officiers-généraux, il avoit fait lever le camp de Vaux
et celui de l'avant-garde à la Ferté, qui étoit émi-
nemment exposé à être enlevé par Clayrfait.

La présence de Dumouriez à l'armée des Ardennes
ne me laissant qu'un commandement secondaire,
je lui demandai celle de l'avant - garde ; je la joi-
gnis ce jour 30 à Douzy : je la fis rétrograder, et
la menai camper le même jour à Mouzon. Elle étoit
composée de 5 bataillons d'infanterie et de 14 escadrons de troupes légères à cheval. J'avois sous mes
ordres les maréchaux-de-camp Miac-zensky et Money.
Les instructions de Dumouriez portoient de harceler
le plus que je pourrois l'ennemi, et de ne point
chercher à me battre, à moins que je ne fusse
attaqué.

Le même jour 30, en arrivant à Mouzon, je dé-
tachai Miac-zensky avec la compagnie franche de
Ransonnet, une de grenadiers, un régiment de dra-

gons et un de chasseurs , pour aller à Stenay reconnoître la position de Clayrfait , et tâcher d'établir
une communication avec Montmédy. Nous avions
entendu du canon de ce côté ; il étoit important de
savoir si l'ennemi feroit le siége de cette place , ce
qui eût été fort heureux , ou si il se portoit sur Verdun. J'appris dans la soirée que Clayrfait s'étoit
avancé jusqu'à Baalon , moins d'une lieue de Stenay.

*Le 31 août.* — J'avois reçu la veille au soir une
lettre de Dumouriez ; il m'indiquoit son projet de
me faire marcher sur Stenay, et de m'y joindre le 1er
septembre avec son corps d'armée. Il avoit intention
de disputer le passage de la Meuse par le pont de
Stenay ; je lui représentai l'impossibilité de faire
marcher l'avant-garde de bonne heure , parce que
depuis deux jours elle étoit sans vivres et sans fourrages (car il est à remarquer que les différens camps
de la Fayette, tous inutiles, avoient dévoré d'avance
la subsistance de notre propre pays ).

Je partis de grand matin avec le troisième régiment de chasseurs pour me rendre à Stenay ; j'y
convoquai dans la matinée les gardes nationales des
environs , et pris toutes les mesures possibles pour
me procurer du pain et des fourrages.

Je savois que les Autrichiens étoient à Baalon ;
mais j'ignorois leurs forces. Après avoir reconnu
qu'il étoit impossible de défendre Stenay, qui est
un entonnoir, mais espérant en imposer à l'ennemi
en prenant une bonne position au-dessus de la Neuville, à un quart de lieue de Stenay, j'envoyai à
deux heures ordre au reste de l'avant-garde de venir
camper à la Neuville. A trois heures on vint m'a-
vertir que l'avant-garde de l'armée autrichienne paroissoit. J'entendis aussitôt le feu de nos tirailleurs,
postés dans le bois de Baalon ; je sortis de la ville
au-devant des Autrichiens, avec le 3e. et 11e. régi-

ment de chasseurs, laissant le 12ᵉ de dragons en-
deçà de la Meuse, pour protéger ma retraite. Mes
tirailleurs engagèrent une vive escarmouche avec
ceux de l'ennemi : j'eus grand peine à contenir leur
ardeur. Ayant reconnu enfin que le corps entier de
Clayrfait marchoit sur moi, je me retirai, à l'approche de l'infanterie et des canons, de l'autre côté
de la ville, dans la prairie de la Neuville ; de-là je
fus témoin de la prise de possession de Stenay par
l'armée autrichienne. La plus grande partie de la
garde nationale de Stenay se joignit à moi ; ces braves
gens abandonnèreut tout, et ont continué de servir
à l'armée jusqu'à la fin de la campagne. A sept heures
du soir, étant encore en bataille dans la prairie de
la Neuville, et après avoir essuyé sans perte une
canonnade de l'ennemi, je vis sortir de Stenay plusieurs gros escadrons et une colonne d'infanterie,
avec du canon, qui cherchoit à me tourner le long
des bois. J'avois environ 1000 hommes à cheval : la
cavalerie de l'ennemi me parut près du double en
nombre. La partie n'étant pas égale, je fis ma retraite
au pas par le chemin de la Neuville à Beaumont. L'ennemi étant venu charger mon arrière-garde, je ne pus
arrêter l'impétuosité du 12ᵉ. régiment de dragons, qui
chargea vivement un escadron ennemi, et le culbuta.
Les deux régimens de chasseurs revinrent immédiatement sur leurs pas, et poussèrent l'ennemi fort
loin. J'eus toutes les peines possibles à les retenir et
à les empêcher de tomber dans l'embuscade de l'infanterie. J'effectuai enfin une retraite dans le meilleur
ordre, sans que l'ennemi osât s'avancer davantage,
quoique fort supérieur en nombre. Dans cette vive
escarmouche, l'ennemi laissa sur la place 17 hommes ;
nous prîmes trois chevaux ; nous ne perdîmes qu'un
dragon, et nous eûmes deux blessés, dont un capitaine des dragons. Dans l'escarmouche au-delà de

Stenay, l'ennemi laissa sur la place plus de 30 hommes tués par les tirailleurs postés dans le bois de Baalon; nous n'eûmes que deux chasseurs tués et trois faits prisonniers.

J'envoyai ordre à l'infanterie de l'avant-garde de retourner à Mouzon, et j'y arrivai dans la nuit avec les troupes à cheval. Il est heureux que je ne me sois pas trouvé avec toute mon infanterie à Stenay; elle auroit été probablement défaite par les forces très-supérieures de Clayrfait, ou coupée d'avec le général Dumouriez, qui, étant à Bazeille, près Sedan, n'auroit pas eu le temps de venir à mon secours.

*Le premier septembre.* Le petit corps d'armée de Dumouriez passe par Mouzon, et va occuper un camp que j'avois fait tracer au-dessus de Beaumont. Dumouriez vint de sa personne à Mouzon; nous y concertâmes nos différentes marches pour aller occuper les gorges du Clermontois, et prévenir l'ennemi en cas qu'il s'emparât de Verdun; nous sûmes positivement qu'il en faisoit le siège; j'avois entendu la nuit précédente le bruit du canon fort soutenu jusqu'à la pointe du jour.

*Le 2 septembre.* L'avant-garde part de Mouzon et va camper à Saint-Pierremont, le corps de Dumouriez à Beffû.

*Le 3 septembre.* L'avant-garde part de Saint-Pierremont, et va camper à Cornai. Après avoir traversé Buzancy, le corps de Dumouriez campe auprès de Grandpré, et une legion aux ordres du maréchal-de-camp Steingel intermédiaire à Saint-Juvin. Je reçois à Cornay une lettre du maréchal-de-camp Galbaud, qui m'annonce qu'il avoit pris poste à la côte de Biesme, n'ayant pu se jeter dans Verdun; qu'il y avoit réuni une partie des bataillons de volontaires sortis de cette place par capitulation; que les ennemis avoient déjà désarmé Clermont, et qu'il étoit pressant que je vinsse à son secours. Je lui répondis que je me joindrois à lui dans la journée du lendemain 4, ou au plus tard le 5.

J'appris aussi qu'un corps de Prussiens étoit venu le 2 à Varennes, et qu'après y avoir exercé beaucoup de cruautés et de pillages, les ennemis avoient emmené, lié et garotté, M. George, membre de l'assemblée constituante.

*Le 4 septembre.* La position de la petite armée française devenoit chaque jour plus critique. A peine tous les corps de l'armée Dumouriez mis ensemble, étoient-ils aussi forts que le corps seul du général Clayrfait. Celui-ci pouvoit, quand il lui plairoit, attaquer Dumouriez ; je n'aurois pu le secourir : il est inconcevable qu'il lui ait laissé gagner la belle position de Senuc, dans la trouée de Grandpré, sans l'avoir attaqué.

Le général Chazot n'avoit pas encore rejoint à Chêne-le-Populeux ; le camp de Pont-sur-Sambre ne devoit arriver que le 5 à Rhétel, et le corps de Bournonville, qu'on attendoit de Maulde, étoit à peine parti de la Flandre. A notre droite se trouvoit toute l'armée prussienne, maîtresse de Varennes et de Clermont, et pouvant s'avancer sur nous, tandis que Clayrfait attaqueroit la gauche : nous n'eussions eu d'autres ressources que de nous ensevelir dans la forêt d'Argonne. C'est cependant alors que Dumouriez conçut le projet hardi de tenir bon dans la trouée de Grand-Pré, et de me détacher de lui pour aller occuper les gorges du Clermontois. J'avoue que je crus d'abord qu'il me seroit impossible d'exécuter son plan. Comment pouvois-je prévoir que le duc de Brunswick, maître de Clermont depuis le 2, feroit l'énorme faute de négliger de s'emparer de la côte de Biesme, où le général Galbaud n'étoit depuis le 31 qu'avec deux bataillons.

Pour exécuter les intentions de Dumouriez, j'avois fait reconnoître la veille les bois de Chatel et de Monblainville, pour essayer de gagner les gorges de Clermont au travers des bois, sans être découvert par l'ennemi. J'ignorois s'il avoit laissé des forces considérables dans Varennes ; mais je savois qu'il y avoit un camp prussien à Avocourt, à une lieue et demie de cette ville, sur le chemin de Verdun.

Ce qui rendoit ma position plus délicate, c'est que je n'avois de vivres que pour la journée. Ayant cependant reconnu l'impossibilité de passer par les bois, je me déterminai à passer par Varennes, par une marche hardie, à la vue des vedettes prussiennes du camp d'Avocourt, qui pouvoit être renforcé par le grand camp qui étoit à Domballe. Comme j'étois obligé, après avoir traversé Varennes, de me jeter dans les bois pour gagner par la Pierre-Croisée le village de la Chalade, je me fis précéder d'une colonne de pionniers pour débarrer et applanir les chemins ; une seconde colonne suivoit à la queue pour les gâter et les rebarrer en cas que l'ennemi voulût attaquer mon arrière-garde. C'est de cette manière que je parvins à la Chalade, petit village situé dans le lieu le plus étroit des gorges du Clermontois, après avoir passé avec dix pièces de canon et tous les attirails de guerre dans des chemins à peine pratiqués par les voitures du pays.

Rendu à la Chalade, les officiers municipaux vinrent me dire qu'une compagnie du dix-septième régiment en étoit partie le matin pour aller à Sainte-Menehould rejoindre le général Galbaud, qui, ayant quitté la côte de Biesme, s'étoit replié sur Châlons ; ils m'assurèrent aussi que les ennemis s'étoient rendus le matin même maîtres de Sainte-Menehould, et qu'ils avoient entendu la fusillade qui y avoit eu lieu. Une telle assertion, faite par des officiers municipaux, me jeta dans une grande perplexité. J'étois sans vivres et sans fourrages ; je me trouvois engagé dans des gorges étroites où je pouvois être enveloppé, sans que mes troupes à cheval pussent m'être d'aucune ressource. Il étoit tard, mes troupes étoient harrassées par une marche pénible ; je pris le parti de gagner la plaine, et je me portai à Vienne-le-Château, où j'étois sûr de trouver des vivres, et d'où je pouvois apprendre avec facilité des nouvelles de Sainte-Menehoult.

*Le 5 septembre.* J'avois envoyé dans la nuit des courriers au directoire de Sainte-Menehould et au général Galbaud, et j'avois appris la consolante nouvelle qu'il n'y avoit que la moitié de celle qu'on m'avoit donné la veille de vraie. Le général Galbaud, forcé par le découragement des troupes qui, sortant de Verdun, l'avoient rejoint, avoit, le désespoir dans l'ame, quitté pour un instant la position de Biesme ; mais il l'avoit reprise à la première nouvelle de mon arrivée. Je partis en conséquence avec mes troupes de Vienne-le-Château, et j'occupai à trois heures après-midi, 5 septembre, la fameuse position de la côte de Biesme, qui est devenue pour la France le détroit des Thermopyles.

*6 et 7 septembre.* Ces deux journées furent uniquement employées à reconnoître les environs et les détails de la position, et à préparer avec connoissance de cause les moyens d'une défense certaine.

*8 septembre.* Dix-sept pièces de canon, faisant alors toute ma force en artillerie, sont disposées en batteries ; j'apprends d'une manière positive que l'armée prussienne avoit levé ses camps depuis Verdun jusqu'à Domballe, et marchoit sur deux colonnes vers Clermont et Varennes. J'envoyai ce jour-là 13 escadrons à Passavant, village situé au sud-ouest, et presque à la pointe de la forêt d'Argonne ; cette position me donnoit l'avantage de protéger plus de soixante villages situés depuis Bauzée jusqu'à Chaumont-sur-Aire, et delà à Sainte-Menehould, et entre les chemins qui y conduisent de Châlons et de Vitry; cela me donnoit aussi la certitude de ne pouvoir être tourné par ma droite. J'eus la preuve que je ne pouvois faire une meilleure distribution de mes troupes à cheval; car le sixième régiment de hussards qui en faisoit l'avant-garde, engagea, en arrivant, une escarmouche très-vive avec des hussards prussiens qui venoient lever des contributions au village de Triaucourt. Je reçus dans cette journée une lettre de Dumouriez, qui me parloit du corps autrichien de Clayrfait, et d'un corps d'émigrés qui s'avançoient sur lui à Grandpré; il croyoit, comme cela étoit vraisemblable, que ces deux corps étoient destinés à le tenir en échec, pendant que le roi de Prusse marcheroit sur Bar-le-duc, et delà à Châlons par Vitry. J'envoyai en conséquence des ordres au colonel Frégeville, du onzième régiment de chasseurs, et commandant toutes les troupes légères à cheval, cantonnées à Passavant, de pousser des patrouilles jusqu'au chemin de Verdun à Bar, pour s'assurer des mouvemens de l'ennemi dans cette partie.

*9 septembre.* Mon poste de la côte de Biesme se trouvoit déja fortifié, et en état de recevoir avec avantage tous les efforts de l'armée combinée, en cas qu'elle se portât sur moi; je savois qu'elle étoit en marche : Dumouriez me mandoit qu'il croyoit qu'elle dirigeroit sa route vers Bar-le-Duc. Le colonel Frégeville me donnoit les mêmes avis de Passavant. En conséquence, comme je venois d'apprendre l'arrivée du général Kellermann à Ligny, je lui envoyai un de mes aides-de-camp, avec la lettre. ( *Voyez pièces justificatives,* N°. IV, ) où je lui proposois de me joindre à lui à Vitry, lorsque j'aurois acquis la certitude que l'ennemi ayant depassé ma droite, se porteroit sur Bar.

*10 septembre.* Depuis mon arrivée à la côte de Biesme, le 5 septembre, j'avois donné ordre au colonel du cinquième régiment de hussards Lamarche, d'enlever de Clermont et des villages voisins que je ne pouvois occuper, tous les vivres et fourrages que les Prussiens avoient commandés pour eux; il y avoit réussi au-delà de mes espérances. Ce jour-là un détachement d'environ 80 hussards, une compagnie de grenadiers du sixième régiment d'infanterie, et un piquet d'environ 100 hommes qui s'étoient portés à Clermont, pour faire conduire au camp de Biesme un reste de fourrages et de farines, furent, à cause d'un brouillard très-épais, surpris et vivement attaqués par un gros corps de hussards et d'infanterie prussienne. La compagnie de grenadiers du sixième régiment s'étant imprudemment avancée dans la plaine, au mépris des instructions données au capitaine, fut enveloppée et faite prisonnière de guerre. J'ai appris depuis que le duc de Brunswick se trouvoit en personne à cette attaque, que le roi de Prusse et lui étoient montés sur la hauteur du Pas-de-Vache, près Clermont, pour examiner la position de la côte de Biesme, et qu'ils en étoient descendus furieux d'y avoir été prévenus.

Le général Dumouriez continuant à penser que l'armée prussienne se dirigeoit vers Bar-le-Duc, me manda qu'il se disposoit à marcher avec un gros corps sur Varennes et Clermont, pour donner sur l'arrière-garde de l'ennemi, qui chercheroit à me déborder par la droite de la forêt d'Argonne. (*Voyez pièces justificatives*, N°. V.)

*Le 11 septembre.* Je reçois une lettre du général Kellermann, datée du même jour, de Saint-Disier,

( 15 )

par laquelle il paroissoit être dans la persuasion que les ennemis marcheroient droit sur Châlons , en passant par Bar : il avoit laissé , m'écrivoit-il , son avant-garde dans cette ville , et avoit pris une position en arrière , afin d'arriver avant eux à Châlons. J'appris néanmoins le même jour , d'une manière positive , que le duc de Brunswick , après trente-six heures d'indécision , et après s'être convaincu qu'il ne pourroit forcer le passage de la côte de Biesme , s'étoit déterminé à marcher sur Grandpré , et que les colonnes de son armée avoient filé de ce côté dès le matin.

*Le* 12 *septembre.* Je reçus de grand matin une lettre du général Dumouriez. ( *Voyez pièces justificatives*, N°. VI. ) En conséquence, j'écrivis au maréchal Luckner , à Châlons , la lettre ( *Voyez pièces justificatives* , N°. VII ) pour le presser d'envoyer , sans perdre un instant , tout ce qu'il avoit de forces avec lui , au secours du général Dumouriez , qui alloit voir tomber sur lui toutes les forces de l'armée combinée. J'écrivis en même temps au général la Bourdonnais , pour l'engager à faire hâter le départ de ce renfort.

*Le* 13 *septembre.* Le général Dumouriez , certain de l'approche d'une très-grande partie des forces de l'ennemi qui l'avoit attaqué la veille , et ne voyant point arriver de secours de Châlons , m'envoya l'ordre positif de lui faire passer le plutôt possible toutes les troupes dont je pourrois me dégarnir sans compromettre la sûreté de ma position. Je lui envoyai en conséquence , mais avec une sorte de répugnance , 2410 hommes , dont 742 de troupes à cheval et la moitié d'une compagnie d'artillerie à cheval. Je savois que les Prussiens avoient été remplacés à Clermont pat 15000 Autrichiens ou Hessois. Je m'attendois à être incessamment attaqué , et je ne pouvois concevoir que de toute la masse des forces qu'on annonçoit dès long temps devoir arriver à Châlons, rien ne fût encore venu au secours du général Dumouriez.

J'envoyai en conséquence un courrier au maréchal Luckner, avec la lettre ( *pièces justificatives*, N°. VIII ), et une autre au général Kellermann, au même instant ( *pièces justificatives*, N°. IX ). En lisant ces lettres, on se persuadera que si on avoit envoyé de Châlons à Dumouriez les secours que je n'avois cessé de demander pour lui, et si le général Kellermann avoit ajouté foi aux nouvelles certaines que je lui avois données, et eût adopté ce que je lui proposois, les ennemis n'auroient point forcé le passage de la Croix le 14, et l'armée prussienne auroit été obligée de rétrograder ou de se diviser pour faire face à Kellermann.

Comme il paroît qu'on a pensé à Paris que les généraux avoient reçu des renforts considétables, la lettre ( *pièces justificatives*, N°. X ) du maréchal Luckner prouvera que le 13 septembre au soir, Dumouriez n'avoit reçu d'augmentation que celle que je lui avois envoyée en dégarnissant momentanément mon poste.

*14 septembre.* Je reçus une lettre de Dumouriez, qui m'annonçoit l'arrivée des troupes que je lui avois envoyées, et me mandoit qu'il ne comptoit pas m'en demander davantage.

L'ingénieur adjudant général Gobert me rendit compte que les retranchemens faits en avant du village des grandes Islettes, étoient entièrement finis et prêts à supporter toute attaque de l'ennemi

Nous entendîmes de Biesme une vive canonade du côté de Grandpré, et nous eûmes beaucoup d'inquiétude de savoir Dumouriez attaqué avant que Kellermann eût pu effectuer sa jonction avec lui. Mon poste

poste devenoit bien périlleux, dans le cas où Dumouriez auroit été forcé à Grandpré, sans avoir le
temps de se replier sur Sainte-Menehould ; je n'avois
que 5500 hommes d'infanterie pour garder le poste
de Biesme, et un front de six lieues à droite et à
gauche ; ma cavalerie à Passavant ne servoit qu'à protéger le pays contre les incursions de l'ennemi, et
ne pouvoit m'être d'aucune utilité pour la défense des
gorges. Comme il faut tout prévoir à la guerre, je
m'étois ménagé ma retraite par un chemin pratiqué
jusqu'à Passavant, d'où je me serois jeté dans les
bois de Belleval pour gagner Bar, sans que l'ennemi
eût pu deviner par où j'avois passé. J'appris dans
l'après-midi que la canonade entendue avoit eu lieu
à l'attaque du poste de la Croix, par le général
Chazot, et que les ennemis, avec des forces très-
supérieures, avoient repris ce poste dans l'après-
dîner.

*15 Septembre.* J'appris d'une manière positive, par
des émissaires fidèles, que j'avois devant moi à Clermont plus de 20000 hommes, tant Autrichiens que
Hessois, et qu'ils étoient campés en trois différens
endroits, depuis Neuvilly jusqu'à Auzeville. J'envoyai
des patrouilles reconnoître l'état de mes abattis ; elles
n'y trouvèrent rien de dérangé. J'arrivai le soir fort
tard à Sainte-Menehould, et j'y appris que Dumouriez
avoit levé son camp de Grandpré la nuit précédente ;
que son arrière-garde avoit été attaquée et mise en
désordre dans l'après-midi. Je trouvai la ville dans la
plus grande confusion ; un assez grand nombre de
fuyards y répandoient la terreur, criant que tout étoit
perdu, et tenant d'autres propos encore plus infâmes
pour couvrir leur lâcheté. — Billaud - Varenne qui
arriva chez moi, et qui m'a depuis taxé d'incivisme
au sein de la convention nationale, n'aura pas sans
doute oublié la fermeté et la célérité avec lesquelles

B

je réprimai ces désordres, en faisant arrêter immédiatement tous les fuyards, et en envoyant un détachement de hussards jusque sur Châlons, pour empêcher ces lâches de communiquer leur terreur panique
aux troupes qni y étoient. Je pris les mêmes précau-
tions dans les villages voisins de Sainte - Menehould
( *Voyez pièces justificatives*, N°. **XI** ), et le lendemain
je me hâtai de prémunir l'esprit des troupes que je
commandois, contre le mauvais exemple. ( *Voyez
pièces justif.*, N°. **XII** ).

16 *Septembre*. J'eus la certitude qu'il étoit arrivé
un aide-de-camp du roi de Prusse au camp de Neuvilly. Roman, commandant dans les gorges de Futeau,
me donna avis que les ennemis cherchoient à former
une attaque en le tournant par le prieuré de Beauchamp. Comme je me trouvai très-dégarni depuis l'en-
voi de troupes que j'avois fait à Dumouriez, je demandai un bataillon de renfort à ce général, qui
m'envoya le cinquante-huitième régiment, que je
conduisis à Futeau. Je couchai au hameau de Couru,
pour pouvoir reconnoître le lendemain par moi-même
les intentions de l'ennemi.

17 *Septembre*. J'étois occupé à reconnoître tous les
points de ma droite entre Beaulieu et Beauchamp.
Arrivé à une vigie où j'avois un poste de 30 hommes,
et d'où on découvre jusque dans Clermont, je vis
l'ennemi sortant en deux colonnes de cette ville, et
prenant le chemin de la côte de Biesme. J'estimai
que les forces qu'il montroit étoient d'environ 3000
hommes d'infanterie et quatre escadrons ; mais je vis
qu'ils avoient en réserve, derrière eux, deux colonnes qui me parurent épaisses, et dont je ne pus
découvrir que les têtes. Je me rendis immédiatement
à mon poste ; la cononade étoit déja commencée aux
retranchémens des Islettes. Les ennemis se montrè-
renr fort timidement le long desbois. Un corps d'in-

fanterie se déploya au-delà de la portée du canon ; ils nous envoyèrent une assez grande quantité d'obuses, dont quelques-unes dépassèrent les retranchemens, et tombèrent dans le village, sans blesser un homme. Ennuyé de la longueur de cette attaque ; que nos soldats supportèrent avec une gaîté extrême, avec des cris de *vive la nation*, et en défiant l'ennemi de s'approcher plus près, je fis avancer le cinquante-huitième régiment, et je me mis à sa tête. Nous sautâmes hors du retranchement pour aller à l'ennemi : mais la charge ayant été trop tôt battue, se fut le signal pour lui de la retraite la plus précipitée. Nous le poursuivîmes par des tirailleurs qui lui tuèrent et blessèrent plusieurs hommes, et firent quatre prisonniers, dont deux se trouvèrent être des grenadiers Hongrois : nous n'eûmes pas même un homme de blessé.

*18 septembre.* L'attáque de la veille m'ayant fait connoître que les ennemis avoient profité d'une petite hauteur pour masquer leur batterie d'obusiers, je donnai ordre d'y établir une redoute en avant des retranchemens. Elle fut faite avec la plus grande diligence, et j'y fis placer deux pièces de quatre. Toute l'armée apprit avec une vive joie que l'arrivée de Kellermann alloit enfin nous mettre à même de nous mesurer avec les ennemis.

*19 septembre.* J'appris d'une manière certaine, par mes émissaires, que l'armée prussienne avoit quitté Grandpré, et marchoit en trois colonnes vers Sainte-Menehould. J'en envoyai le rapport à Dumouriez ; cette nouvelle, annoncée dans l'armée, y répandit la plus vive allégresse : on s'attendoit à une action décisive ; chaque soldat paroissoit la desirer, et aucun ne sembloit en craindre l'issue.

*20 septembre.* Cette journée deviendra mémorable pour la France ; les détails en sont connns : mais ce qui l'est moins par ceux qui ne sont pas du métier, c'est l'habile manœuvre qu'exécuta le soir même, et en présence d'un ennemi supérieur, le général Kellermann, qui sut, après la plus vive canonnade qui avoit duré presque toute la journée, prendre une position qui lui donnoit un front inattaquable, appuyoit son flanc droit à l'armée de Dumouriez, et son flanc gauche à des hauteurs très-avantageuses à défendre et très-difficiles à tourner. Le seul point par où la chose devenoit praticable, étoit défendu par une avant-garde avantageusement postée. Obligé de rester à mon poste de la côte de Biesme, je ne pus me trouver à la canonnade ; je ne pouvois concevoir comment l'ennemi me laissoit aussi tranquille. J'appris vers les deux heures, par mes émissaires et par les rapports de ma vigie, près de Clermont, que j'allois aussi être attaqué. Je devois croire que cela seroit d'une manière plus vive que le 17, car on m'apprit que les ennemis s'étoient vanté que, pour cette fois, ils emporteroient la côte de Biesme, et qu'en conséquence ils avoient levé leur camp et marchoient à moi, suivis de leurs gros équipages, dans l'intention de se rejoindre à l'armée prussienne qui, de son côté, devoit avoir culbuté les armées de Dumouriez et de Kellermann. Ces beaux projets aboutirent à une attaque très-molle, mais plus soutenue que celle du 17. Ils commencèrent, à leur ordinaire, à nous jetter de fortes obuses, qui ne blessèrent pas un homme ; ils tirèrent de fort loin beaucoup de coups de canon, et montrèrent plusieurs têtes de colonnes à une très-grande distance. La redoute que j'avois établie depuis le 17, et que les ennemis ne s'attendoient point à trouver, suffit, avec deux pièces de quatre seulement, pour les empêcher d'avancer. Je fis filer le long du bois des tirailleurs, pour prendre les colonnes des ennemis en flanc, afin de

tacher d'engager une action, mais ce fut en vain ;
comme l'ennemi reculoit toujours, je fis porter à la
redoute deux pièces de huit ; leur première décharge
fit prendre à l'ennemi la fuite la plus honteuse ; je
le poursuivis avec deux bataillons, quelques cen-
taines de tirailleurs, et quatre pièces de canon, jusques dans les jardins de Clermont ; et sans la nuit
qui survint, j'aurois pu le reconduire jusques dans
son camp.

C'est ici le moment de fixer l'attention sur l'extraordinaire position où se trouvoient les armées ennemies, et sur les obligations éternelles qu'on doit au
poste de Biesme. Le duc de Brunswick, après avoir
pris Verdun le 2 septembre, fait la faute impardon-
nable de venir jusqu'à Clermont, sans s'emparer de
la position de Biesme. Nous l'occupons avec des
forces suffisantes le 5 ; le 10, le duc de Brunswick
et le roi de Prusse reconnoissent, en frémissant, l'impossibilité de forcer ce poste, et se voient obligés
de faire un détour de douze lieues pour se trouver,
le 20 septembre, seulement à la hauteur de Sainte-
Menehould, où ils auroient pu être le 4, s'ils s'étoient
emparés de la côte de Biesme ; ce retard donne le
temps à Dumouriez et à Kellermann de faire leur jonction : l'armée prussienne n'obtient aucun avantage,
et n'a de ressource que de camper dans une plaine
aride, et de se déterminer enfin à une retraite honteuse, nécessitée par le manque de subsistance. Le
duc de Brunswick est obligé de laisser 20,000 hommes
devant Clermont, pour contenir le camp de Biesme,
sans quoi j'aurois marché à Clermont, et j'aurois in-
tercepté ses convois par ses derrières. Les armées
françaises, entourées d'ennemis, se donnoient la
main et se défendoient réciproquement, et les 20,000
hommes laissés à Clermont ne sont d'aucune utilité à
l'armée prussienne, qui s'en trouvoit, par le chemin

de Grandpré, à plus de 16 lieues. Bénissons la Providence, et s'il faut dire du mal des généraux, ce ne doit pas être en ce moment, au moins des généraux français.

*Le 21 septembre.* Cette journée se passa dans l'attente d'une attaque générale, tant du côté des Prussiens, que du côté des Autrichiens et des Hessois. Dans la matinée, Dumouriez reçut un avis qui se trouva faux; on lui mandoit que la plus grande partie des Autrichiens et des hessois avoit quitté Clermont, et marchoit par Grandpré pour renforcer l'armée prussienne. Il me chargea, en vérifiant le fait, de former une attaque sur Clermont, et de tâcher de tourner ou d'enlever la batterie de Sainte-Anne. J'y marchai avec environ 25,000 hommes, par des directions différentes, en traversant les bois. Cette reconnoissance, faite sous le feu des obusiers de l'ennemi, quoique imparfaite à cause de la pluie et de l'obscurité, me confirma néanmoins dans l'opinion que j'avois déjà, qu'il seroit aussi imprudent à nous d'attaquer Clermont de front, qu'il l'avoit été aux ennemis d'attaquer la côte de Biesme, et qu'il faudroit attaquer, en tournant la forêt par Beaulieu, pour pouvoir espérer quelques succès.

*22 et 23 septembre.* Ces journées se passèrent dans l'inaction. J'avois, dès le 20, donné ordre au colonel Frégeville de se joindre à la gauche de Kellermann, pendant la canonnade de Valmy. Ce colonel n'étoit plus, depuis ce moment, revenu sous mes ordres; on l'avoit envoyé à Fresne pour conserver la libre circulation du chemin de Vitry à Châlons: on ne pouvoit donner cette mission importante à un homme qui en fût plus capable. Le colonel Frégeville avoit rendu les plus grands services, par la valeur et l'infatigable activité avec lesquelles il avoit contenu la cavalerie ennemie, supérieure en nombre à lui; conservé et défendu une grande étendue de pays, depuis

le 8 jusqu'au 20 septembre. Je proposai le 23 à Dumouriez, d'envoyer de nouveau des troupes à cheval
occuper le poste si intéressant de Passavant ; il me
donna six escadrons de cavalerie, qui eurent les
mêmes instructions que celles que j'avois précédemment données au colonel Frégeville.

*24 septembre.* La position de l'armée prussienne qui
coupoit le chemin de Châlons à la Lune, nous causoit
une gêne bien effrayante pour le transport de nos
vivres ; nous les tirions de Châlons, et il falloit qu'ils
fissent un long détour par Vitry. Le chemin de cette
ville à Sainte-Menehould est détestable. Je proposai
à Dumouriez de rassembler tous les ouvriers qui
avoient travaillé aux retranchemens de la côte de
Biesme, et de les envoyer pour réparer ce chemin,
notre unique ressource. Il approuva fort cette mesure,
et j'envoyai environ 800 ouvriers, sous la conduite de
Château. On s'est convaincu depuis, que si l'on n'eût
pris ce moyen, nous eussions manqué de vivres ; nos
ennemis furent bien plus mal que nous à cet égard,
car ils furent six jours sans pain.

. *25 septembre.* La continuation d'un temps affreux et
ce que j'appris de l'état du chemin de Vitry à Sainte-
Menehould, nous donnoient de vives inquiétudes sur
nos subsistances. J'avois environ quatre bataillons détachés dans les gorges de ma droite et de ma gauche ;
je leur envoyai ordre de faire battre et cuire dans
tous les villages, de s'arranger avec les municipalités
pour être fourni à l'avenir de pain ; j'envoyai le cinquième régiment de hussards, cantonné aux Islettes,
renforcer le poste de Passavant, avec ordre non-
seulement de pourvoir à sa subsistance en pain et
fourrages, mais même de faire cuire et fournir le plus
de pain possible au camp de Biesme. Je chargeai Cha-
zault, lieutenant-colonel du bataillon de Seine et
Loire, et commandant à Florent, de faire l'acquisition

de la plus grande quantité de pomme de terre qu'il pourroit se procurer. Il remplit tellement bien sa mission, que j'en eus de quoi nourrir toutes mes troupes campées pendant huit jours ; je fus, par ce moyen, à l'abri d'une grande inquiétude.

*26, 27, 28 et 29 septembre.* Ces journées n'offrent rien de remarquable, ni le détail d'aucune opération militaire dans le corps que je commandois. Je continuai à envoyer de fréquentes patrouilles par les bois pour visiter les abattis et inquiéter d'autant l'ennemi. Dumouriez avoit renforcé ma gauche à la Chalade d'environ 800 Belges ; il avoit espéré qu'un gros parti pourroit se glisser par les bois, et aller intercepter les convois ennemis par les bois derrière Chatel et Cornay. Le colonel des Belges essaya de pénétrer ; mais il fut arrêté dans sa marche par un corps de chasseurs tyroliens, posté derrière nos abattis de la Pierre-Croisée, au-dessus de Varennes.

Je tentai moi-même, le 27, de faire pénétrer une patrouille par-dessous Mont-Faucon jusqu'à Romagnes ; mais elle ne put pénétrer. C'est pendant ces quatre jours que l'on voyoit arriver sans cesse, à Sainte-Menehould, des voitures, des chevaux et des prisonniers faits sur les prussiens par les différens corps détachés, tant celui de Beurnonville, que ceux postés sur le chemin de Vitry. Les espèces de pour-parlers qui eurent lieu entre Dumouriez et les Prussiens avoient été rompus par lui, du moment où Brunswick avoit lâché son ridicule manifeste. Nous ne pouvions concevoir comment le roi de Prusse continuoit à se morfondre dans une plaine aride et par le temps le plus affreux ; nous savions qu'il manquoit de vivres ; les prisonniers qu'on amenoit avoient tous l'air enchantés d'être pris, et se jetoient avidement sur les alimens qu'on leur présentoit. Dumouriez a rendu publics la cause et le résultat des pour-parlers qui eurent lieu avec les Prussiens ; je n'ai eu à cet égard que ce qui est connu de tout le monde ; il jugea habilement, et dès la journée du 20, que le camp de la Lune seroit le *nec plus ultrà* des Prussiens. La plus grande partie de l'armée ne voyoit pas sans inquiétude que, par leur position, ils nous interceptoit le chemin de Châlons ; on craignoit de manquer de subsistances. Dumouriez conserva toujours la même confiance dans son armée et dans ses moyens ; il parvint, avec une activité incroyable, à faire disparoître tous les obstacles. Dès le 28, nous avions reçu des convois de pain pour quatre jours en avance. Dumouriez sut enfin inspirer à l'armée entière la gaieté et la sérénité qui ne l'avoient jamais abandonnée.

*30 septembre.* J'avois appris d'une manière positive, le 29, qu'il régnoit la plus grande discorde entre les Autrichiens et les Hessois campés à Clermont ; ils s'accusoient réciproquement de lâcheté dans l'attaque qu'ils avoient faite conjointement sur le poste de Biesme le 20. J'avois, comme je l'ai dit, reconnu, le 21, que Clermont étoit inattaquable de front, et qu'on ne pouvoit l'inquiéter qu'en passant par Passavant et Beaulieu. Nous apprîmes, ce jour 30, que les Prussiens avoient levé leur camp de la Lune ; je proposai à Dumouriez de prendre environ 1200 hommes du camp de Biesme pour les porter à Passavant, afin de tâter l'ennemi le lendemain du côté de Rarécourt : il approuva mon projet, et je donnai des ordres en conséquence pour le départ des troupes à la pointe du jour.

J'ai eu lieu de me convaincre depuis mon arrivée à Paris, que l'on y est dans une ignorance presque absolue, non-seulement sur les causes qui ont amené les différens évènemens de la campagne, mais même sur les moindres détails de ceux qui ont eu lieu. Est-il donc juste de censurer les généraux, sans connoître

( 26 )

les motifs qui les ont fait agir ? La lecture de la lettre du ministre Servan au général Dumouriez, en da e du 27 septembre, ( *Voyez pièces justificatives,* N° XIII.) prouve juspu'à l'évidence que le conseil exécutif lui-même, qui devoit être parfaitement informé des mouvemens des ennemis et des nôtres, vouloit adopter des mesures qui nous eussent mis dans le plus grand danger, et auroient donné, sans coup férir à l'ennemi, les belles plaines du Perthois, où il eût trouvé des subsistances pour plusieurs mois, et auroit eu la facilité d'hiverner dans la ci-devant Lorraine. Heureusement que le ministre patriote Servan, en donnant à Dumouriez l'opinion du conseil, le laissoit néanmoins maître des moyens d'exécution. Quant à moi, je crus devoir répondre à l'article de cette lettre qui me concerne, par celle que j'écrivis au ministre Servan. ( *Voyez pièces justificatives,* N° XIV.)

*Premier octobre.* Cette journée devient remarquahle pour le petit corps d'armée qui occupoit la côte de Biesme depuis le 5 septembre. Je fis partir, comme je l'ai dit, à la pointe du jour, environ 1200 hommes, composé du quatrième bataillon des grenadiers, 200 hommes du cinquantième régiment, 160 du dix-septième régiment, 100 hommes du bataillion de la Charente inférieure, et 100 hommes du sixième régiment, le tout aux ordres du citoyen Deville, excellent officier et commandant du quatrième bataillon de grenadiers. Je les trouvai réunis à Passavant au deuxième régiment de hussards ; j'avois au poste de Beaulieu, à une lieue plus loin que Passavant, du côté de Clermont, le neuvième bataillon d'infanterie légère, auquel j'avois joint depuis près d'un mois environ 240 chasseurs Bretons de Rennes et de l'Orient. J'appris en arrivant à Passavant, qu'un corps d'infanterie Hessoise et quelques escadrons avoient passé à six heures du matin au village de Rarécourt, pour

se porter vers celui de Fleury ; je me déterminai immédiatement à aller attaquer ce corps, et je fis les
dispositions les plus convenables pour tâcher de l'enlever. Pendant ma marche, je voyois arriver à chaque
instant les citoyens éperdus des villages de Fleury
en Autrecour ; chacun d'eux parloit diversement de
la force de l'ennemi, et ce qui étoit pis, de sa position. Pour m'assurer par moi-même de ces deux points
essentiels, je masquai la marche de mon infanterie,
en la portant derrière le bois Labbé. Je donnai ordre
à la brigade de dragons, commandée par le général
Neuilly, d'aller passer la rivière d'Aire sur le pont
d'Autrecourt, et au cinquième régiment de hussards,
aux ordres du colonel Lamarche, de se porter vers
Fleury. A mesure que j'approchois de ces deux villages, je recevois de nouvelles assurances qu'ils
étoient occupés par l'ennemi. Cette nouvelle, com-
muniquée à l'infanterie, dont la plus grande partie
avoit déja fait quatre lieues, redoubla son ardeur,
quoiqu'elle marchât dans le terrein le plus fangeux.
Je fis tenir derrière le bois le cinquième régiment de
hussards, en attendant que l'infanterie pût arriver.
Nous découvrîmes alors l'ennemi ; il étoit posté sur
un plateau, entre les villages d'Autrecourt et de
Fleury, de l'autre côté de la rivière d'Aire, qui n'est
point guéable pour l'infanterie. L'ennemi fit plusieurs
décharges de canon sur les hussards. ; les nôtres étant
arrivé, il se retira avec précipitation. Trois escadrons de cavalerie ennemie, parmi lesquels on en re-
marquoit un à écharpes blanches, parurent vouloir
tenir bon pour couvrir la retraite de leur infanterie ;
quelques coups de canon les mirent en fuite. Le colonel Lamarche passa au gué et se mit à leur poursuite ; je fus obligé de faire prendre un long tour à
mon infanterie pour passer le pont situé à l'extrémité du village. Un piquet de 50 chasseurs du hui-

tième régiment, cantonné à Beauzée, à plus de deux lieues de Fleury, avoit escarmouché dès le matin avec l'ennemi, et se joignit au cinquième régiment de hussards pour le poursuivre. Pendant que ceci se passoit à Fleury, la brigade de dragons étoit arrivée au-dessus du village d'Autrecourt, à près d'une demi-lieue à ma gauche. Du moment que j'avois apperçu l'ennemi, j'avois donné l'ordre au neuvième bataillon d'infanterie légère d'aller occuper Autrecourt. Le général Neuilly et Colomb, colonel du deuxième régiment, voyant que cette infanterie ne pouvoit arriver à tems, se déterminèrent à une action aussi vigoureuse qu'extraordinaire. Un détachement de 40 Hessois gardoit le pont d'Autrecourt, qui est fort étroit. Neuilly et Colomb, sans connoitre positivement la force de l'ennemi, donnèrent à bride abattue dans le village, essuyèrent le feu de l'infanterie hessoise, et enlevèrent le pont, le sabre à la main. De 40 Hessois qui le gardoient, 38 furent tués sur la place, 2 faits prisonniers et mortellement blessés; le lieutenant Lindau, qui commandoit ce détachement, resta seul et dut la vie à la générosité du général Neuilly, à qui il rendit son épée; sept autres Hessois furent atteints et tués dans les vignes ou dans le village de la Voye; le reste du corps hessois, poursuivi jusqu'à Rarécourt, échappa par une fuite précipitée. Si j'avois mieux connu le pays, ou si la rivière d'Aire eût été guéable, j'aurois certainement fait mettre bas les armes à tout le détachement des Hessois; la nuit s'approchoit; nous n'étions pas à une lieue des camps de Clermont. Comme l'infanterie avoit fait ce jour-là près de huit lieues sans manger, je me décidai à me retirer à Beaulieu, dans l'intention de faire venir du renfort, pour inquiéter de nouveau l'ennemi le lendemain. Nous ne perdîmes dans cette affaire, plus heureuse par ses suites, que considérable, qu'un hussard et un cheval de dragon. J'ai su depuis qu'on avoit amené quatre voitures de blessés à Clermont.

Après l'action, nous eûmes, en traversant Autrecourt, un spectacle bien attendrissant ; tous les habitans, les mains tendues vers le ciel, se précipitoient dans les rangs pour remercier leurs libérateurs ; ils s'empressoient à l'envi de leur offrir tous les rafraîchissemens et tous les vivres qu'ils possédoient, et nous suivirent à Beaulieu avec quatre bœufs tués pour l'usage des Hessois, et d'autres vivres qu'ils avoient commandés.

2 *octobre*. J'appris à Beaulieu, vers dix heures du matin, que les Hessois avoient levé très-précipitamment leur camp de Clermont la veille au soir, et qu'ils avoient marché, ainsi que les Autrichiens, vers Verdun. J'envoyai sur - le - champ ordre au général Money, qui étoit resté à la côte de Biesme, de se porter avec ses troupes à Clermont ; j'envoyai demander du renfort au général Dumouriez, et je me mis immédiatement à la poursuite des Hessois, avec moins de 2000 hommes d'infanterie, et environ 1000 hommes de troupes à cheval, qui faisoient toute ma force. J'arrivai le soir à Domballe, deux lieues plus loin que Clermont, peu d'heures après le passage des Hessois.

3 *octobre*. Je reçus pendant la nuit des nouvelles du général Dumouriez, qui m'annonçoient du renfort. Ce général témoignoit une vive satisfaction, tant de l'attaque de la veille à Autrecourt qui avoit déterminé la fuite des Hessois, que des mesures hardies et actives que j'avois mises en usage pour les poursuivre. J'appris presqu'au même instant qu'une colonne de l'armée prussienne, venant de Grandpré, avoit passé par Varennes, qu'elle dirigeoit sa marche par la chaussée qui va de cette ville à Verdun, en-

deçà de la Meuse, et qu'elle étoit dans ce moment à la heuteur de Mouzéville, environ une lieue et demie de Domballe. Je consultai à cet égard les principaux officiers qui se trouvoient avec moi, et nous fûmes d'avis qu'il falloit rétrograder, pour cette matinée seulement, une lieue en arrière, pour attendre la jonction des renforts annoncés par le général Dumouriez. Le corps de ma petite armée campa en avant de Clermont, et je continuai à occuper les villages de Vraincourt et Brabant. Je reçus dans l'après-midi les troupes promises par Dumouriez; il faisait un tems affreux; une grande partie des tentes et des vivres n'avoient pu arriver. Je me trouvai à la tête de 20 bataillons et de 9 escadrons; je m'occupai dans la soirée à organiser l'armée par divisions et par brigades.

*4 octobre.* Je portai, des la pointe du jour, l'armée à Domballe; une avant - garde d'infanterie légère occupa les villages de Sivry-la-Perche et de Fromereville, à une lieue de Verdun, et à une portée de canon de la redoute avancée des Autrichiens; un régiment de hussards occupa Bethelainville; je poussai un corps de chasseurs fédérés au bois Bourru, et jusques sur la chaussée de Varennes à Verdun.

Lors de l'affaire d'Autrecourt, le premier octobre, le maréchal-de-camp Labarolière étoit posté avec deux régimens de chasseurs à cheval, la légion de Kellermann et quelque infanterie, vers Vaubécourt, Bauzée et Bar; je lui avois envoyé ordre, dès le 2, de me rejoindre par ma droite.

J'appris ce jour, 4, qu'il étoit à Senoncourt, et qu'il se porteroit le lendemain jusques sur Dugny.

Me voici parvenu à une époque où une démarche que j'avois cru dictée par la prudence et la politique, et permise comme une ruse de guerre, a été blâmée et représentée comme excédant les pouvoirs confiés à un général. Quelques réflexions préliminaires sur la position où je me trouvois, et un simple narré des faits, suffiront, je pense, pour lever tous les doutes, et pour prouver jusqu'à l'évidence la pureté de mes intentions. Lorsque le général Dumouriez vit, le 30 septembre, Brunswick et le roi de Prusse lever honteusement leur camp de la Lune, pour faire une marche rétrograde, il jugea habilement que la république française n'avoit plus rien à craindre de l'armée prussienne. Il étoit instruit que des maladies la désoloient ; il connoissoit l'état affreux des chemins par lesquels elle devoit passer, et il savoit parfaitement qu'une armée encore très-nombreuse, sur-tout en cavalerie, ne pourroit entreprendre d'hiverner dans un pays dont la substance avoit été dévorée, tant par cette armée même que par les nôtres, avant le commencement de la campagne, et qui n'avoit que deux places de sûreté, dont une fort mauvaise. Il eut donc raison de rassurer le peuple français, de lui dire que bientôt les armées étrangères évacueroient son territoire : il falloit cette assurance pour ne pas trouver de désapprobateurs à la marche savante et hardie par laquelle, en abandonnant les Prussiens, il a volé au secours du département du Nord. Il semble qu'à Paris on ait considéré les événemens *annoncés seulement* par Dumouriez, comme s'ils eussent été déja consommés ; que l'on a pensé qu'il suffisoit de se présenter devant les Prussiens pout leur faire mettre bas les armes, sans que l'on ait été informé de leur nombre, de celui de leurs alliés, ou de ce qui existoit de troupes de la république à leur opposer. Il faut donc rappeler les faits. Le général Beurnonville, que l'on n'accusera point de timidité, harcela l'arrière-garde prussienne jusques vers Buzancy ; mais il a dit lui-même, dans les comptes qu'il rendit à Dumourier, que les Prussiens faisoient devant lui la plus belle retraite ; qu'il ne pouvoit, avec les forces qu'il avoit, les attaquer, mais seulement leur faire le plus de mal possible. Kellermann et Valence, qui succédèrent à Beurnonville dans cette partie, ne purent pas plus que lui entamer l'armée prussienne, ni l'empêcher de se retirer en entier par Dun, et delà vers Verdun, au-delà de la Meuse.

Quelle étoit ma position alors ? Kellermann et Valence étoient le 4 octobre à Autry et Buzancy, à plus de 14 lieues de moi ; je marchois depuis deux jours droit sur Verdun ; j'avois moins de 16,000 hommes, même depuis ma réunion avec Labarolière ; et c'est avec cette petite armée que j'ai osé, dès le 5, cerner complettement Verdun des deux côtés jusqu'à la Meuse, à une très-petite distance, que j'ai attaqué et replié les postes des armées autrichiennes et hessoises, campées devant Verdun, en deçà de la Meuse, et au nombre de plus de 20,000 hommes, sans y comprendre la garnison prussienne dans la ville, ni l'armée prussienne en entier, campée dans divers points, depuis Consenvoy ju'qu'au Mont Saint-Michel, au-dessus de Verdun et au-delà de la Meuse. J'avois près de 60,000 ennemis devant moi ; j'espérois, il est vrai, d'après la mésintelligence que je savois régner entre les alliés, que l'armée prussienne ne passeroit pas la Meuse pour venir au secours des Autrichiens. Dans cette circonstance, n'aurois-je pas rendu un grand service à la République, si, divisant les Hessois des Autrichiens, j'avois pu me trouver à partie égale avec ceux-ci, et en mesure de les battre en présence même de leurs alliés ? J'intercepte le 4 à Clermont une lettre du directoire du district d'Etain au Landgrave de Hesse. Cette lettre, datée du premier octobre, m'apprend, entr'autres choses, qu'il étoit attendu avec son quartier général à Etain. J'envoyai

dès

dès le lendemain matin un courrier au général Favart, à Metz, avec la lettre ( *Voyez pièces justificatives*, N°. XV ); on pourra juger, en la lisant, si j'avois intention de ménager les Hessois.

J'apprends d'une manière certaine, à Clermont, que les Hessois et les Autrichiens étoient extrêmement mal ensemble, qu'ils s'accusoient réciproquement de trahison; que cela avoit été poussé au point que les Autrichiens avoient levé leur canp un jour d'avance, sans en prévenir les Hessois, qui s'étoient regardés comme livrés et sacrifiés, quand ils apprirent mon attaque sur Autrecourt. On m'assura aussi que le Landgrave, dans sa colère, avoit témoigné à haute voix le desir de trouver une occasion qui le forçât à se séparer des Autrichiens. Voilà les motifs qui me donnèrent la première idée de lui écrire, pour augmenter la terreur dont il étoit atteint, et pour tâcher, en le divisant d'avec les Autrichiens, de tomber sur ceux-ci. Le projet de ma lettre ne fut point un secret; j'en parlai ouvertement à mon quartier-général; j'en lus tout haut un premier projet. Le général Galbaud, dont les principes ne peuvent être suspects, m'aida à rédiger la lettre que j'ai envoyée; elle fut écrite de Domballe, et non de Clermont, comme on l'a dit par erreur. Le renvoi du lieutenant Lindau, approuvé d'ailleurs par Dumouriez, ne servit que de prétexte pour le faire accompagner par Gobert, mon adjudant général, et qui est de plus officier de génie. Quant à la phrase de cette lettre que l'on m'a reprochée, il est évident qu'elle n'étoit qu'un appât, et que je proposois comme une grace, ce qu'il n'étoit pas en mon pouvoir d'empêcher; je savois de reste que l'armée prussienne assureroit la retraite des Hessois: or, quand j'aurois fait une phrase inutile, suis-je donc pour cela coupable, sur-tout quand je n'ai pas même attendu le retour de mon adjudant-général pour canoner, douze heures après, vivement les Hessois, comme on va le voir dans le détail de la journée du 5 , qui prouvera que c'est de l'exécution de la dernière phrase de ma lettre , où je menaçois le Landgrave de la vengeance de la république, que je me suis le plus occupé. ( *Voyez pièces justificatives* , N°. XV *bis* ).

*5 octobre.* Je quittai le camp de Domballe, et allai prendre celui de Sivry-la-Perche ; position excellente , et telle qu'il me la falloit pour oser , avec moins de 16 mille hommes, aller camper à une lieue et demie de trois armées combinées. Le général Labarolière , par une manœuvre savante et hardie , et montrant partout des têtes de colonnes dont la réalité n'existoit pas, parvint, à ma droite, à débusquer successivement tous les postes des Hessois, et à les replier jusqu'à une portée de carabine de la redoute avancée de leur camp. Je m'emparai , de mon côté, d'une gorge qui se trouvoit centrale entre le camp des Hessois et celui des Autrichiens ; je chassai les ennemis, non-seulement de la plaine devant Frana , mais même je m'emparai de la ferme de Baleycourt , distante de 300 toises de leur camp. Ces différentes attaques furent accompagnées d'une vive canonnade qui dura la plus grande partie de la journée. De cette manière, nous fûmes, le 5 , maîtres de tous les postes qui environnoient Verdun ; l'ennemi fut complettement cerné jusqu'à la Meuse, à moins d'une portée de canon de ses camps ; nous gardâmes ces postes jusqu'à la reddition de Verdun. Le général Dumouriez s'est trompé de date lorsqu'il a dit à la convention nationale que j'avois canonné les Hessois deux jours après ma lettre au Landgrave ; ma lettre est du 4 ; celle que ce général m'a écrite le 6 de Sainte-Menehould, ( *Voyez pièces justificatives*, N°. XVI ) prouve qu'il avoit entendu de cette ville ma canonnade de ce jour. Gobert , adjudant-général, revint fort tard le soir du camp des Hessois ; il y avoit été retenu malgré lui pendant la canonnade de la journée. Il en témoigna son mécontentement, et le Landgrave lui fit expédier un certificat qui prouve qu'il avoit été retenu malgré lui.

*6 octobre.* On vint me dire le matin que les ennemis avoient levé leur camp. Pour m'en assurer, je donnai ordre au général la Marche de se porter, avec le 5ᵉ régiment de hussards, jusqu'à Thierville, village à une demi-portée de canon de la citadelle de Verdun. Il replia d'abord les gardes avancées des ennemis, et fit quelques prisonniers ; mais un corps de cavalerie ennemie, trois fois plus fort que le sien, sortit du village ponr l'envelopper ; il fit néanmoins sa retraite avec tant de présence d'esprit, qu'il ne perdit que quatre hussards faits prisonniers. Je fis monter à cheval la cavalerie et les dragons, pour aller au secours des hussards ; je les fis soutenir par un bataillon de grenadiers et du canon de huit ; cela engagea une escarmouche dont le résultat fut de replier les ennemis jusque dans leur camp.

J'envoyai ce jour 1100 hommes au général Labarolière, er je me rendis dans la soirée près lui à Dugny.

*7 octobre.* Il ne se passa rien à mon camp, ni dans les différens postes ; j'employai la matinée à visiter avec le général Labarolière l'excellente disposition qu'il avoit faite de ses troupes ; il étoit maître du Bois-la-Ville, excepté d'une petite partie attenant au camp des Hessois, et il occupoit le bois de Billemont, à moins de 400 toises d'une redoute qui flanquoit le camp des Hessois. Nous convînmes que je lui enverrois le lendemain deux pièces de douze pour foudroyer cette redoute, et que le général Galbaud s'y rendroit pour placer cette batterie. Je fus reconnoître ensuite le village d'Ancemont, et je vis avec beaucoup de surprise que les ennemis avoient laissé subsister le pont sur la Meuse,

( 36 )

qui se trouve entre ce village et celui de Dieue. Labarolière y avoit déjà placé un détachement ; je me hâtai de l'augmenter d'un bataillon, pour assurer la conservation de ce poste précieux.

*8 octobre.* Le général Galbaud et Labarolière commencèrent de grand matin à foudroyer la redoute des Hessois ; elle fut promptement abandonnée ; les ennemis demandèrent à entrer en conférence ; les généraux Labarolière et Galbaud y consentirent. ( *Voyez tout ce qui se passa dans cette conférence, pièces justificatives*, N° XVII. )

J'appris que le général Kellermann arrivoit à Domballe avec environ 7000 hommes seulement, et quelques pièces de position, sa grosse artillerie ayant pris le chemin de Bar. Comme je me rendois près de Kellermann, les généraux Labarolière et Galbaud arrivèrent de Billemont, et me firent part de la conférence qu'ils avoient eue avec Brunswik et Kalkreuth. J'engageai Labarolière à en venir rendre compte a Kellermann. Je trouvai ce général à Domballe avec les commissaires de la convention nationale ; je lui donnai par écrit le détail de toutes mes opérations depuis le 2 octobre ; je lui rendis compte de la position des ennemis, de celle de mon armée, et je lui proposai les moyens ultérieurs que je croyois les plus convenables pour effectuer la reddition de Verdun. Labarolière resta avec Kellermann pour recevoir ses instructions sur l'objet de la conférence qu'il avoit eue ce jour avec les généraux prussiens.

*9 octobre.* Le général Kellermann et les commissaires de la convention nationale vinrent dîner à mon camp de Sivry-la-Perche. Je remis aux commissaires la lettre en original que j'avois surprise du directoire du district d'Etain ; je leur remis également copie de ma lettre au général Favart à Metz, que j'ai citée ( *Pièces justificatives*, N° XV.), ainsi que la réponse en origina1 de ce général, par laquelle il me mandoit qu'il alloit employer tous les moyens que je lui avois proposés pour harceler et détruire l'ennemi dans sa retraite. Je donnai enfin aux commissaires, sans qu'ils me l'eussent demandé, et sans même qu'ils en eussent entendu parler, copie de ma lettre au Landgrave, ainsi que celle de la réponse qu'il y avoit fait faire. Les commissaires ne me firent pas la plus petite objection. Je demande si la simplicité et la candeur de ma conduite, dans cette occasion, démontrent un homme qui a eu de mauvaises intentions ; et j'ignore encore par quelle fatalité ( et lorsque les commissaires m'ont assuré depuis qu'ils avoient envoyé toutes ces pièces à la fois ) ma lettre au général Favart et sa réponse ne paroissent pas avoir été connues de la convention nationale. Je menai après dîner le général Kellermann et les commissaires visiter mes postes, et reconnoître la position des camps ennemis. Au premier coup de fusil tiré vers Baleycourt, un colonel Hessois demanda un pour-parler avec Deville, commandant du quatrième bataillon des grenadiers. Je m'y rendis ; le général Kellermann y vint aussi. Le colonel Hessois donna à entendre qu'il avoit compris que Labarolière avoit accordé une trève de 24 heures ; il demanda ensuite que le poste de Baleycourt demeurât neutre, cela paroissoit assez raisonnable ; ce poste étoit à moins de 400 toises du camp ennemi, qui, à la faveur des bois, s'en emparoit toutes les nuits, tandis que je le reprenois tous les matins. Je me contentai de lui répondre que, s'il nous abandonnoit tous les bois en deçà de Baleycourt, je m'abstiendrois d'occuper la maison. Il y consentit.

10 *octobre.* Il ne se passa aucun évènement militaire dans cette journée. J'envoyai le cinquième régiment de hussards chasser des ennemis qui s'étoient montrés en deçà de la Meuse à Cumnières ; on ne les trouva

point ; mais je fus informé que les Prussiens avoient coupé dans la matinée les ponts de Villosne, de Dun et de Consenvoy, ce qui dénotoit qu'ils ne tarderoient pas à effectuer leur retraite. Je vis Kellermann à Domballe, et il m'informa de la position qu'il comptoit prendre le lendemain 11 sur ma droite, vers les hauteurs de Dugny ; il venoit d'être renforcé par l'arrivée du général Valence à Clermont, et par celle du général Després-Crassier, à Esne sur ma gauche : la totalité de nos forces réunies ne se montoient pas néanmoins à plus de 31 mille hommes.

*11 octobre.* Le corps du général Després-Crassier, venant d'Esne, commençoit déjà à traverser mon camp de Sivry, lorsque j'appris, dès la pointe du jour, que les camps de Regret et Glorieux avoient été levés dans la nuit. Je pris immédiatement avec moi 5 bataillons et 10 pièces de position, et je me déterminai à marcher droit sur Verdun, pour y occuper la position que venoient d'abandonner les ennemis, ou telle autre que je jugerois le plus convenable ; je me fis précéder par toutes mes troupes à cheval, et je donnai ordre au reste de l'armée de suivre au plutôt après, avoir levé le camp de Sivry.

A 11 heures, le général Galbaud avoit établi en batterie sur le mont St-Barthelemi, qui domine la citadelle, à la distance d'environ 350 toises, toutes mes pièces de position, consistant en 6 pièces de 12, et 4 pièces de 8 : j'observai que cette artillerie auroit pu à la vérité faire beaucoup de mal à la ville, et donner la mort à beaucoup de citoyens ; mais qu'elle étoit d'un calibre beaucoup trop foible pour espérer de faire brèche, ou pour démonter les canons de la citadelle, garantis par des parapets gabionnés, très-épais et en bon état.

Avant de commencer le feu, j'envoyai un de mes aides-de-camp et un trompette porter au commandant des troupes de la ville la sommation. ( *Voyez pièces justificatives*, N° XVIII. ) Je suivis en cela un usage consacré chez tous les peuples.

Comme j'ignorois de quelle armée étoient les troupes qui composoient la garnison de la ville, j'avois donné ordre à mon aide-de-camp de se retirer sans donner ma sommation, dans le cas où il apprendroit qu'elle fût autrichienne. Il revint peu après, et me dit qu'il avoit remis ma sommation au général prussien Courbière, et que le général Kalkreuth me demandoit de consentir à une entrevue avec lui dans le village de Glorieux, qui se trouvoit entre la place de ma batterie. Je ne vis point d'inconvenient à accepter cette proposition, d'autant que je savois que le général Kalkreuth est un de ceux qui jouit le plus particulièrement de la confiance du roi de Prusse.

Je me rendis en conséquence à Glorieux avec le général Galbaud, un trompette et le lieutenant-colonel aide-de-camp Schenetz. Nous eûmes avec Kalkreuth une conférence, dont nous nous hâtames de rédiger le précis à notre retour. ( *V. pièces justificatives*, N° XIX. ) En sortant de cette conférence, je fus joint par un aide-de-camp du général Courbière, qui me remit de sa part une lettre, par laquelle il me mandoit qu'il avoit envoyé ma sommation au roi de Prusse ; qu'il avoit beaucoup d'espoir qu'il accorderoit ce que je demandois, et qu'il m'engageoit à attendre sa réponse. Vers les dix heures du soir, je vis arriver de nouveau l'aide-de-camp du général Courbière, qui me remit la réponse à ma sommation. ( *Voyez pièces justificatives*, N° XX. ) Je me hâtai d'y envoyer copie de ma sommation et de la réponse qui y avoit été faite, tant au général Kellermann, qu'aux commissaires de la convention nationale, au camp d'Ancemont ; je les instruisis des principaux points de la conférence que j'avois eue avec Kalkreuth, et je leur demandai des ordres ultérieurs. Je leur observai qu'ayant rempli les formalités d'usage, je n'avois cependant entamé aucune négociation, ni n'étois convenu d'aucun point de capitulation ; que la chose restoit entière à cet égard, et qu'ils étoient les maîtres, ainsi que Kellermann, d'adopter les mesures qu'ils jugeroient les plus convenables.

12 *octobre*. Le général Galbaud se rendit à la pointe du jour, pour expliquer en détail au général ce qui s'étoit passé, et notamment dans notre conférence avec Kalkreuth ; je le chargeai aussi de lui observer que j'avois donné lieu de croire aux Prussiens qu'ils auroient sa réponse pour midi : il revint vers cette heure avec le lieutenant-général Valence. Ces deux généraux entrèrent dans la citadelle de Verdun par la porte de Secours ; Valence étoit accompagné de la compagnie de grenadiers du 14^me régiment d'infanterie de l'armée de Kellermann ; j'en vo yai de mon côté avec Galbaud celle du 6^me régiment d'infanterie, commandée par Deville.

13 *octobre*. J'allai dans la matinée à la citadelle de Verdun ; j'y vis de nouveau le général Kalkreuth, qui me parut en conférence avec Kellermann et les commissaires de la convention aationale.

14. *octobre*. La réserve de l'armée de Kellermann, aux ordres du lieutenant-général Valence, prit possession de Verdun de très-grand matin ; le reste de l'armée de Kellermann traversa cette ville et alla camper sur les hauteurs d'Haudainville, entre ce village et le chemin d'Etain. Ce général avoit envoyé précédemment par le pont de Dieue le maréchal-de-camp Labarolière, pour s'emparer d'Etain et se mettre à la poursuite d'un corps d'émigrés que l'on disoit avoir dirigé sa fuite de ce côté. Je vis de nouveau le général Kalkreuth : dans une conférence que nous eûmes avec lui, Kellermann, Valence et moi, il fut fort question de la

remise de Longwy. D'après ce que Kalkreuth dit alors, ce qu'il m'avoit dit à moi-même, et ce qu'il me dit en particulier, je fus certain dès ce moment que les Prussiens remettroient Longwy de la même manière que Verdun, et que l'on seroit obligé d'y marcher pour la forme seulement.

*15 octobre.* Je traversai avec mon corps d'armée la ville de Verdun, dans l'intention d'aller camper au Mont-Saint-Michel; mais je trouvai le terrein si infecté par les morts et les pourritures de toutes espèces qu'y avoient laissé les Prussiens, que je fus obligé de me porter plus loin vers Fleury. Ce changement de position occasionna quelques désordres dans la marche de la colonne des équipages; plusieurs corps se trouvèrent sans tentes; et quoiqu'il fît un temps affreux, les troupes supportèrent avec leur patience et leur gaîté ordinaires ce dérangement imprévu, qui obligea la plus grande partie de coucher au bivouac; j'admirai entr'autres la patience et l'obéissance du 5ᵐᵉ bataillon de Paris que j'avois sous mes ordres depuis le 2, et qui, quoique de nouvelle lévée, rivalise déjà les plus anciennes troupes.

C'est, comme je l'ai dit, au camp de Fleury que je fus informé de l'ordre du conseil exécutif pour me rendre à Paris; c'est en conséquence à ce camp que se borne pour le moment le journal de ma campagne.

En passant par Sainte-Menehould, le 19 octobre, avec le général Galbaud, nous reçumes un témoignage non suspect de la reconnoissance que les citoyens de cette ville croient devoir à ceux qui ont occupé et défendu le poste de Biesme. (*Voyez pièces justificatives.*, N. XXI.)

Voilà le compte de ma conduite. J'ai obéi au conseil executif; j'attends ses ordres pour retourner à mon poste. S'il étoit possible qu'un ministère républicain me préparât une injustice, je me consolerois par la satisfaction ( QU'IL NE DÉPEND PAS DE LUI DE M'EN-

LEVER ) d'avoir puissamment contribué à chasser les
ennemis de la république hors de son territoire, en
épargnant, autant que je l'ai pu, le sang des braves soldats français : les services rendus à la patrie sont par
eux-mêmes la plus douce récompense d'un citoyen.

Le lieutenant-général des armées de la république
française.

Signé, A. DILLON.

*Nota*. Oo observe que pour suivre avec intérêt et précision les
détails militaires contenus dans ce compte rendu, il devient nécessaire d'avoir les cartes des départemens des Ardennes, de la
Meuse et de la Marne.

Le général A. Dillon a été obligé de se borner à imprimer seulement une partie des pièces justificatives. S'il pouvoit croire que
l'on pût conserver le moindre doute sur ses opérations, il est prêt
à produire les nombreuses pièces originales de toute espèce, qui
prouvent, jour par jour, l'exacte vérité de tous les faits contenus
dans son compte rendu.

Le général Galbaud et l'adjudant général Gobert vont faire
paroître un précis historique de la campagne.

On grave en ce moment le plan de la côte de Biesme ; ce plan
se trouvera chez *Basset*, rue Saint-Jacques, au coin de celle des
Mathurins.

# PIÈCES
## JUSTIFICATIVES

*Du compte rendu au MINISTRE DE LA GUERRE par le lieutenant-général A. DILLON.*

Paris, le 28 octobre 1792, l'an premier de la république française.

## N°. Ier.

*Lettre de A. Dillon au conseil exécutif.*

Verdun, le 17 octobre 1792, l'an premier de la république.

LE général en chef, Kellermann, m'a communiqué la lettre du ministre de la guerre, du 14 de ce mois, ainsi que l'arrêté du conseil exécutif provisoire, qui m'ordonne de me rendre à Paris pour y rendre compte de ma conduite. Aussi-tôt que j'ai eu connoissance de cet ordre, je me suis hâté d'y obéir, et je vais en conséquence me rendre à Paris aussi vîte que les mauvais chemins et quelques affaires de service que j'ai à terminer, pourront me le permettre.

Je vois avec peine, mais sans la moindre crainte, que la malveillance de quelques ennemis cachés s'acharne à me poursuivre. Le simple récit, et sur-tout le résultat de mes opérations militaires, suffira pour confondre leur malice.

Les représentans d'un peuple libre seront justes, et le conseil exécutif provisoire sentira sans doute quelques regrets du pouvoir arbitraire qu'il a exercé à mon égard, en ordonnant au général Kellermann de conférer au lieutenant-général Valence le commandement qui m'avoit été confié par le général en chef Dumouriez. Le conseil exécutif auroit dû, il me semble, ne pas me condamner d'avance sans m'entendre. Au surplus, je n'ai eu d'autre ambition militaire que celle de combattre les ennemis de la république, et de les chasser du territoire français. Cette heureuse époque est arrivée; et quelque injustice qu'on me fasse éprouver, rien ne pourra me ravir la satisfaction que j'en ressens, ni la gloire d'y avoir puissamment contribué.

( 44 )

Je charge le lieutenant-colonel Schenetz, mon aide-de-camp, de remettre cette lettre au ministre de la guerre par *interim*.

Le lieutenant-général, *signé* A DILLON.

## Nº. I I.

*Deuxième lettre de A. Dillon au conseil exécutif.*

Paris, le 21 octobre 1792, l'an premier de la république,<br>à 10 heures et demie du matin.

En conséquence de l'ordre du conseil exécutif, du 13 de ce mois, je suis arrivé cette nuit à Paris. Comme je n'ai encore pu deviner les motifs de l'ordre arbitraire que le conseil exécutif a donné de conférer mon commandement au lieutenant-général Valence, je vous prie, citoyen, de demander au conseil exécutif le moment où je pourrai me présenter devant lui. Je suis prêt à rendre compte de toutes mes opérations, de tout ce que j'ai écrit et fait depuis mon départ de Paris pour l'armée jusqu'à ce jour. Votre justice approuvera sans doute que je sollicite la permission de rendre ensuite le même compte à la convention nationale, qui jugera si j'ai mérité d'être ravi à mes fonctions, au moment où j'avois conduit une armée victorieuse à une journée de marche du dernier poste qu'occupoient les ennemis sur le territoire français, et dont j'avois déjà presque assuré la reddition.

J'ai donné ordre, le 16 au soir, avant de quitter mes fonctions, au maréchal-de-camp Galbaud, employé dans l'armée que je commandois, de venir avec moi à Paris. Ce général a une parfaite connoissance de ma lettre au Landgrave, ainsi que celle de ma sommation au gouverneur prussien de Verdun. Il a d'ailleurs des détails intéressans à transmettre à l'égard de cette place, tant au conseil exécutif qu'à la convention nationale.

J'ai amené également mon adjudant-général, Gobert, qui fut chargé de porter une lettre au Landgrave, et qui rendra un compte exact de ce qui s'est passé à cet égard.

J'ai laissé au général Valence deux lieutenans-généraux et cinq maréchaux-de-camp, ainsi que sept adjudans-généraux ; par conséquent le service ne pourra souffrir de l'absence momentanée des citoyens Galbaud et Gobert.

Le lieutenant-général, *signé* A. DILLON.

## Nº. III.

*Lettre de J. Servan, ministre de la guerre, à A. Dillon.*

Paris, le 23 août 1792, l'an quatrième de la liberté
et le premier de l'égalité.

D'APRÈS la connoisance que vous avez sans doute, monsieur, de la reddition de Longwy, vous ne serez pas surpris que je m'empresse de vous faire part de mes idées sur l'usage que vous devez faire des forces que vous avez à votre disposition. L'ennemi peut prendre deux partis : ou il se porte sur Verdun, et dans ce cas vous devez vous attacher à lui interdire le passage de la Meuse, en vous approchant de cette ville par la rive gauche de la rivière ; ou il veut atiaquer Thionville. Dans cette supposition, vous n'avez qu'à le suivre, inqniéter ses derrières et gêner les opérations de ce siège. Vous sentirez certainement combien il est important de ne pas vous compromettre et de vous concerter avec M. Luckner. Si les ennemis, trop inqniétés par vous, se portoient de votre côté, vous devez vous tenir à portée de vous retirer sur Verdun pour défendre la Meuse.

Dans tous les cas, l'objet de toutes vos mesures doit être de prévenir l'ennemi vers Paris, soit en le fatiguant sur ses derrières et ses flancs pour lui ôter ses subsistances, soit en le devançant, si cela est plus avantageux.

J'envoie dans ce moment un courier à M. Dumouriez, pour qu'il se joigne à vous avec tout ce qu'il pourra tirer de ses camp et de ses garnisons du côté de Dunkerque. Il sera peut-être très-sage que vous lui fassiez savoir quel est le parti que vous prenez, et ce que vous savez de l'ennemi.

Nous prenons pour la défense de Paris les mesures les plus promptes, et nous espérons recevoir l'ennemi de manière à vous donner, ainsi qu'aux autres généraux que je me hâte de prévenir, le temps de l'atteindre et de l'envelopper.

Le Ministre de la guerre, *signé*, J. SERVAN.

## Nº IV.

*Lettre de A. Dillon au général Kellermann.*

A Sainte-Menehould, le 9 septembre 1792, l'an 4e de la liberté.

J'APPRENDS, général, que vous étiez hier soir à Ligny avec 20,000 hommes, et que votre intention est d'être aujourd'hui à Bar. Je me hâte de vous envoyer M. Schenetz, lieutenant-colonel aide-de-camp, pour vous instruire de notre position et de celle de l'ennemi. M. Dumouriez, campé à Grandpré, m'a mandé hier soir que le corps du général Clairfait étoit devant lui, renforcé d'un corps d'émigrés, et que le quartier général étoit à Buzancy. Vous aurez appris que j'occupe depuis quelques jours les gorges de Biesme. Ce poste est tellement fort par la nature, qu'il seroit, je pense, impossible de m'y forcer; aussi suis-je convaincu qu'ils ne le tenteront pas. Leur avant-garde, campée depuis quelques jours à Sivry-la-Perche, s'est portée hier à Ville-sur-Cousance. Mes nouvelles de cette nuit m'apprennent que ce corps doit se porter aujourd'hui à Vaubécourt; sans doute il est destiné à marquer la marche de leur armée, qui se portera par la chaussée de Verdun à Bar-le-Duc.

J'ai environ 1500 chevaux et deux bataillons pour éclairer la marche de cette avant-garde, et je vais avec mon infanterie conserver le poste que j'occupe, jusqu'au moment où je serai certain que la grande armée des ennemis auroit dépassé ma droite. C'est alors seul que je pourrai déterminer la marche la plus utile pour retarder l'ennemi. Ma cavalerie est à Passavant et au-delà, mon infanterie au bord des bois; je pense qu'il seroit plus utile que je fisse ma jonction avec vous; je pourrois vous amener environ 7000 hommes de très-bonnes troupes et 25 pièces de canon, y compris celles d'une compagnie d'artillerie légère. Je n'imagine pas que M. Dumouriez puisse risquer un mouvement, à moins d'avoir eu un avantage sur Clayrfait; s'il marche pour vous rejoindre, alors les Autrichiens le suivront, ou se porteront par leur gauche pour faire leur jonction avec les Prussiens: ceux-ci, quoi qu'on en dise, sont au plus 50,000 combattans, et n'ont pas l'air trop rassurés.

Je vous prie, monsieur, de me faire connoître la force de votre armée, et quelles sont vos intentions, de ne pas perdre un seul instant; je vous ferai de mon côté savoir tout ce que j'apprendrai, et ce qui se passera du côté de M. Dumouriez.

Il m'est arrivé ici 6 pièces de canons de 8, avec trois canoniers seulement; ils sont traînés par des chevaux de paysans: on a eu l'ignorance de n'amener que deux caissons, et on a laissé les dix autres à Reims. J'ai écrit à M. Dumouriez pour savoir ses intentions sur ces canons; si je ne reçois pas de ses nouvelles dans la matinée, j'enverrai un courier à Reims, faire venir les caissons à Châlons; j'y enverrai les canons, et ils seroient alors à la portée de vous joindre. J'attends avec impatience de vos nouvelles.

Le lieutenant-général, signé A. DILLON.

## N°. V.

### *Lettre de Dumouriez à A. Dillon.*

Quartier général de Grandpré, le 10 septembre 1792, l'an 4me. de la liberté.

J E laisse, mon cher général, le camp de Grandpré tel qu'il est. Le général Duval arrivera à trois heures à Mortanne, avec 7 bataillons et 6 escadrons. Il se joindra à Saint-Juvin a M. Stingel, qui a 6 escadrons de hussards, et environ 4 bataillons. Je joindrai à cette avant-garde la réserve de 8 escadrons de dragons et 4 bataillons de grenadiers. Je vais marcher avec cette forte avant-garde, et 14 bataillons et 20 escadrons par Varennes et Clermont, pour donner sur l'arrière-garde du corps d'armée qui marche à votre droite, et qui cherche à vous déborder. Rassemblez tout ce que vous pourrez d'infanterie sur Charru, Passavant et Villers.

Joignez-y vos 14 escadrons, et couvrez aussi Sainte-Menehould, de manière à ce que nous puissions faire une jonction d'abord ensemble, et ensuite avec Kellermann, qui marche de Bar-le-Duc sur Saint-Dizier, ainsi que je l'apprends par sa lettre du 9 ; il a d'hier une bonne division à Bar-le-Duc, commandée par M. Desprès-Crassier ; ainsi il y arrive aujourd'hui de sa personne avec ses 20,000 hommes ; nous en aurons autant quand nous serons joints après demain. Laissez aux grandes Islettes environ 2000 hommes ; faites rassembler, par le tocsin, tous les paysans pour aller border les abattis. Portez-vous avec tout le reste tout-à-fait à votre droite, et dirigez-y tout ce qui se rassemble à Sainte-Menehould. Nous nous arrangerons ensemble, aussitôt notre jonction, pour couvrir cette place et pour suivre le mouvement sur Châlons. Faites sonner le tocsin sur toute votre route ; j'en ferai autant, et cela déconcertera un peu la marche des Prussiens. Je commencerai mon mouvement à minuit.

Le général en chef de l'armée du Nord, *signé* DUMOURIEZ.

## N°. V I.

### *Lettre de Dumouriez à A. Dillon.*

Grandpré, le 12 septembre 179 , l'an 4me. de la liberté.

L E S ennemis vous ont abandonné, mon cher général, pour se porter sur moi ; ils me font une attaque dans le moment ; je ne sais pas encore si c'est la véritable ; je crois que ce n'est qu'une feinte pour attaquer la trouée du Chêne-le-Populeux , où je porte du renfort. Envoyez-moi du secours , sans cependant dégarnir la trouée de Clermont. Je vous embrasse.

Le général en chef de l'armée du Nord , *signé* DUMOURIEZ.

## N°. V I I.

*Lettre de A. Dillon au maréchal Luckner , à Châlons.*

Sainte-Menehould , le 11 septembre, 9 heures du soir, l'an 1er. de la république.

Vous aurez appris , M. le maréchal , que les ennemis font de grands mouvemens ; je suis maintenant aussi positivement informé qu'on puisse l'être , que les Prussiens ont levé tout leur camp vers Verdun , et qu'ils y ont été remplacé par un corps d'armée qu'on m'assure être des Hessois , réunis à des émigrés. L'armée prussienne s'est mise en marche sur trois colonnes ; je ne sais positivement quelle est sa direction ; mais il est très-certain qu'une partie assez considérable des forces ennemies a passé aujourd'hui par Varennes, et marche sur Dumouriez à Grandpré. Elle se réunira sans doute aux troupes du général Clayrfait. J'ai entendu vers midi une canonnade très-vive ; elle s'est répétée, mais moins forte , vers la brune ; vous n'avez pas un instant à perdre pour faire passer à M. Dumouriez tout ce que vous avez de forces à Châlons ; je ne suis pas assez fort pour me dégarnir , ayant une étendue aussi considérable à garder , et craignant d'être tourné par mes deux flancs, si l'ennemi force M. Dumouriez. Je vous conjure de hâter le départ et la marche des troupes, pour aller de Châlons à son secours.

Le lieutenant-général , *signé A. Dillon*

## N°. V I I I.

*Lettre de A. Dillon au maréchal Luckner, à Châlons.*

Sainte-Menehould , le 13 septembre , l'an 4me. de la lib.rté

J'APPRENDS, monsieur le maréchal, avec beaucoup de peine, tant par votre lettre que par celle de M. Labourdonnaye, que, trompé sur les véritables mouvemens de l'ennemi, vous vous êtes décidé à faire passer à M. Kellermann les renforts qui étoient à votre disposition, et

que

que je croyois déjà en chemin de Châlons à Grandpré, par
Snippe, qui est la route la plus courte que j'avois indi-
quée à M. Labourdonnaye. Il doit vous être prouvé maintenant que l'armée prussienne n'a pas marché sur Bar; j'en
ai la preuve, puisque j'ai envoyé des hommes sûrs et in-
telligens qui ne sont revenus que ce matin de la route de
Verdun sur Bar, et n'y ont pas vu un ennemi. Dans la
position des choses, l'armée de M. Kellermann devient
absolument inutile si elle reste eù elle est ; elle n'a pas,
dans mon opinion, un instant à perdre pour se rapprocher
de moi par Vaubécourt, Sainte-Menehould, et faire de-là
sa jonction avec Dumouriez. Je viens d'être obligé d'envoyer à ce général plus de trois bataillons d'infanterie et
cinq escadrons. Me voilà dénué de cavalerie, tandis que
le corps d'armée des émigrés, Autrichiens ou Hessois, que
l'on porte à près de 18,000 hommes, et qui a remplacé les
Prussiens dans leur camp de Verdun et Domballe, a une
cavalerie nombreuse. Si M. Kellermann ne m'envoie pas
immédiatement au moins six escadrons, je vais voir rava-
ger et enlever les subsistances de plus de 60 villages que
j'ai protégé jusqu'à présent, et qui sont situés depuis Sainte-
Menehould jusqu'à Bauzée, et jusque sur la rive d'Aire.
Ces villages seront dans le cas de nous fournir jusqu'au
pain, puisque, selon toute apparence, notre communication avec Sedan, d'où nous le tirons, est interceptée.
Sans doute, monsieur le maréchal, que M. Kellermann
va prendre un parti décisif, et il n'y a pas un instant à
perdre. Je vous supplie d'envoyer les forces dont vous
pourrez disposer à M. Dumouriez. Quant à moi, je ne
puis quitter le poste que j'occupe : j'y serois immédiatement remplacé par les Hessois ; et j'apprends également que
quand ceux-ci se porteront en avant, une armée d'émigrés
leur succédera.

Il seroit absolument nécessaire de m'envoyer les deux
caissons de huit que j'ai demandés hier, au moins quatre
caissons de cartouches à fusil, et des tentes et marmites
pour deux bataillons. Je vous prie, M. le maréchal, de
vouloir bien donner les ordres les plus précis à cet égard.

Le lieutenant-général, signé A. DILLON.

# Nᶜ. IX.

*Lettre de A Dillon au général Kellermann.*

Sainte-Menehould, 13 septembre, l'an 4ᵉ de la liberté.

JE vous avois assuré, mon cher général, que les enne-

D

mis ne se porteroient pas sur vous ni sur Châlons ; leur marche certaine doit vous convaincre maintenant que vous avez bien fait de vous porter sur Bar-le-Duc , mais qu'il eût été desirable que vous eussiez porté un gros détache‑ ment vers Vaubécourt, comme je vous l'avois proposé ; il nous auroit facilité de tomber par la pointe de Beaulieu et Froidos , sur les Hessois qui défilent depuis hier de Dom‑ balle , en petits corps , avec peu de cavalerie , laquelle est d'ailleurs dans le plus mauvais état.

Je ne puis rien entreprendre , n'ayant que les forces né‑ cessaires pour conserver mon poste et éclairer mes flancs. Des hommes sûrs qui ont été à Verdun même cette nuit , m'assurent que toutes les forces prussiennes, à l'exception de 4ooo hommes laissés dans Verdun, ont marché par Dun , où la chaussée est de Verdun à Varennes , et par la droite de cette ville ; voilà le troisième jour de leur marche. Le roi de Prusse a passé en personne à Varennes avec le ci‑ devant Monsieur, frère du roi. Vous savez que M. Dumou‑ riez a été attaqué avant-hier, et il l'a été encore aujourd'hui, la canonade a été vive entre onze heures et midi ; je ne sais pas encore de détails : je sais qu'hier le duc de Brunsvick, furieux, a dit au roi de Prusse: je perdrai bien du monde , mais j'y passerai. A-t-il voulu parler de la trouée de Grand‑ pré, de celle du Chêne-le-Populeux ou de mon poste? Il est plus probable que c'est un des deux premiers : dans mon opinion , les ennemis ne feront que des attaques partielles sur les points que défend M. Dumouriez, et tâcheront, par Buzancy, de déborder les bois, enfoncer , ou tourner le corps du Chêne-le-Populeux ; arrivés là, ils peuvent prendre trois partis. 1.° De se porter droit à Rheims ; mais c'est par le plus mauvais pays de la France, où ils ne trouveroient absolu‑ ment rien , et ils ne sont pas munis de provisions , et moins encore de fourrages ; le second parti seroit de marcher, en décrivant le cercle, vers Châlons ; mais dans ce cas ils ne peuvent empêcher M. Dumouriez, en se répliant vers moi ou par Suippe, d'y arriver avant eux, et d'effectuer avec vous la réunion de toutes nos forces. Le troisième parti, et c'est celui qu'ils prendront peut-être, est de s'assurer de Se‑ dan , de Mézières, s'ils le peuvent, et de se reporter vers Rhétel, en prolongeant ensuite la Vallée de l'Aisne , qui est très-abondante vers Soissons. Réportons-nous à votre posi‑ tion, et à celle des ennemis devant Verdun ; vous avez trente mille hommes ; maintenant les ennemis n'ont depuis Ver‑ dun jusqu'à Varennes, qu'un corps de Hessois et d'émigrés

qui sont venus de Thionville ( ont on assure, et je le tiens
pour certain, le siége levé depuis le 10; on dit même que le
9, les émigrés ont été bien maltraités dans une sortie. ) Ces
corps ne forment pas 15 mille hommes, répandus dans une
grande longueur ; il y a un corps de 6000 hommes au moins
en embuscade près Clermont, attendant que je quitte mon
poste. Si vous avanciez vers Aubecourt, vous pourriez cou-
per ces corps les uns des autres, culebuter le camp de Domballe, où il n'y a que des tentes, balayer ainsi les derrières
de l'ennemi. Si les Prussiens font un mouvement rétrograde,
vous dégagez M. Dumouriez, votre retraite est assurée derrière la pointe de Beaulieu, et vous mettez l'épaisseur de
la forêt d'Argonne entre vous et l'ennemi. Voilà ce que je
vous propose, parce que je crois la chose très-praticable demain dans la journée. Je puis vous fournir pour cela 6 bons
escadrons, un excellent bataillon d'infanterie légère, et une
demi-compagnie, avec trois pièces d'artillerie légère, dont
une de 8. Si vous ne voulez rien de ce que je vous propose,
envoyez-moi, je vous prie, pour quelques jours, 6 ou 8
escadrons, pour remplacer ceux que j'ai envoyés à M. Dumouriez, et je me charge de harceler vigoureusement les
Hessois.

La preuve que les ennemis sont foibles vers Verdun, c'est
que tous les gens aisés sont dans la consternation et se sau-
vent depuis deux jours, avec leurs effets, sur terre d'Empire.

Le lieutenant-général, *signé* A. DILLON.

## Nº. X.

*Lettre du maréchal Luckner à A. Dillon.*

Châlons, 13 septembre 1792, l'an 4e. de la liberté, et le 1er. de l'égalité.

J'ATTENDOIS avec impatience de vos nouvelles, monsieur,
et celles que vous me donnez confirment entièrement la vérité de vos rapports. J'ai envoyé ce matin à M. Dumouriez
un bon bataillon de volontaires, avec une compagnie de chasseurs de l'Orient. Je lui enverrai après-demain encore un
bataillon venant de Rheims, et environ cent quatre-vingt
chevaux du 24me régiment.

Demain matin, s'il m'est possible, je vous ferai passer un
bataillon de Paris de 800 hommes, tous armés ; quant à la
cavalerie, je n'en ai point. Si cependant je puis me passer
de la valeur d'un escadron de gendarme, je ferai mon possible pour vous l'envoyer. C'est à M. Kellermann à juger

s'il peut vous accorder le remplacement de la cavalerie que vous avez cédé à M. Dumouriez.

Je ne croirois pas prudent que M. Kellermann fasse sa jonction avec vous , car il laisseroit par ce moyen toute la Lorraine à découvert.

M. Labourdonnaye m'a assuré qu'il n'y avoit plus de caissons à Rheims, mais qu'il ne tarderoit point d'en arriver ; alors j' pourrai vous faire passer le nombre qui vous sera nécessaire ; en attendant , je vous ferai passer des cartouches à balles. Nous manqons ici d'effets de campement ; il doit se faire un rassemblement de 3,000 hommes , et nous n'en avons encore que pour 8000. Comme vous êtes dans les lieux boisés, vous aurez de la facilité à faire barraquer vos troupes. Au reste , je ne puis que me référer à vous pour toutes les opérations militaires dont vous êtes chargé , et dont vous vous êtes si bien acquitté jusqu'à ce moment.

Le maréchal de France , généralissime, *signé* LUCKNER.

## N.º X I.

*Ordre circulaire daté de Sainte-Mennehould , le 15 septembre , à dix heures du soir , l'an 4ᵉ de la liberté.*

Il est ordonné à tous les détachemens d'infanterie et de cavalerie qui se trouvent dans les villages entre Sainte-Menehould et Villiers , de retourner sur le champ au camp de Donmartin , sous peine d'infamie et de trahison.

Le lieutenant-général , *signé* A. DILLON.

## N°. X I I.

*Ordre donné à l'avant-garde le 16 septembre , l'an 4ᵉ de la liberté.*

LES braves troupes de l'avant-garde sont prévenues que l'ennemi ayant attaqué hier une partie de l'arrière-garde du général Dumouriez, un petit nombre de lâches et de traîtres à leur patrie ont abandonné leurs corps, et ont cherché à répandre l'alarme et à calomnier leurs chefs et leurs généraux : ils sont connus, et seront punis.

Tout est rentré dans l'ordre ; on a vu deux misérables cavaliers du régiment ci-devant Royal - Étranger, percer dans leur fuite jusqu'à la redoute des Islettes ; sans doute ils vouloient, d'après les infâmes propos qu'ils ont tenus, jeter le soupçon et l'alarme dans l'avant-garde , et aller ensuite chez l'ennemi recueillir le fruit de leur trahison.

Le général Dillon les remet au poste où ils ont été arrêtés , jusqu'à ce qu'ils soient jugés.

Le lieutenant-général , signé DILLON.

## N.<sup>e</sup> X I I I.

*Lettre de J. Servan , ministre, de la guerre , au général
Dumouriez.*

Du 27 septembre 1792.

IL sera important , mon cher général , d'après les événemens du moment, et ceux qui se préparent , de v     r
bien m'envoyer un officier qui tienne en re              
conseil ; il m'ordonne de vous écrire qu'il a jeté les ye      r
M. Dillon pour remplir cet objet. J'espère toujours , mon
cher général, que vous resterez convaincu, ainsi que nous,
que vous n'avez plus un moment à perdre pour vous rapprocher de la Marne, afin de couvrir par là Châlons, Rheims
et les superbes campagnes du Soissonnois et de la Brie : que
nous importe actuellement que l'ennemi occupe les plaines
arides de la Champagne? Mais nous voulons que votre brave
armée et celle du général Kellermann soient approvisionnées en abondance, et nous ne supportons pas de savoir
que vos communications sont devenues infiniment difficiles,
et que vous avez des ennemis presque de tous les côtés ; plus
ils sont dans une position fâcheuse , plus il faut la rendre
pénible et améliorer la nôtre. D'ailleurs, personne ne vous
voit tranquillement à Sainte-Menehould, tandis que les houlans viennent insulter les faubourgs de Rheims.

Le ministre de la guerre , signé J. SERVAN.

## N°. X I V.

*Lettre de A. Dillon à J. Servan , ministre de la guerre ,
datée de Sainte-Menehould le 28 septembre 1792 , l'an
premier de la république.*

LE général en chef Dumouriez vient, monsieur, de me
faire passer la lettre que vous lui avez écrite en date d'hier,
par laquelle vous me demandez qu'un officier aille rendre
compte au conseil des événemens du moment et de ceux qui
se préparent, et par laquelle vous annoncez que le conseil a
jeté les yeux sur moi pour remplir cet objet. Je suis prêt à
obéir à tout ordre qui me mettra à portée de servir la patrie et
la cause de la liberté ; mais permettez-moi de vous observer

D 3

qu'astreint à mon poste, que je connois bien et qui est très-
important, je ne me suis occupé, depuis que je sers sous
les ordres de M. Dumouriez, que d'obéir à ceux qu'il m'a
donnés. J'ignore parfaitement tous les plans de campagne
qui ont pu être faits. Je vois d'excellentes dispositions faites
pour repousser de tous côtés l'ennemi. Je desire, au moment où toutes négociations viennent d'être rompues, rester au poste honorable où je suis placé. J'espère prouver que
le général Dumouriez n'a pas mal placé sa confiance, lorsqu'il m'a ordonné de l'occuper. Je vous prie de trouver bon
que je ne quitte pas l'ennemi de vue, tant que ses armées
et les nôtres seront en présence.

Le lieutenant-général, *signé* A. DILLON.

## Nº. X V.

### Lettre de A. Dillon au général Favart, à Metz.

Du camp de Sivry-la-Perche, le 5 octobre 1792, l'an 1er. de la république.

JE suis ici, mon général, à la tête de 20,000 hommes (1),
en présence du corps autrichien, Hohenlohe et des Hessois.
Je suis décidé à les attaquer et à les combattre sous tous
les points ; je n'ai qu'une crainte, c'est de les voir fuir lâ-
chement, sans que les soldats de la liberté aient pu tirer
vengeance des excès qu'ils ont commis.

Je vous envoie une pièce ( *la lettre interceptée du directoire du district d'Etain* ) qui prouve qu'ils méditent leur
retraite, en nous pillant encore ; il paroît certain qu'ils
veulent passer par Etain. Je vous engage, en conséquence,
à user de toutes les forces que vous avez à votre disposition, pour, sans compromettre la sûreté de Metz, détacher
tous les corps dont vous pourrez vous passer, pour tomber
vigoureusement, et de toutes les manières, sur ces lâches
ennemis qui sont déjà saisis de peur.

Vous avez un puissant moyen, faites avertir tous les villages ; que tous les citoyens reprennent de la confiance ;
que l'on sonne le tocsin par-tout, toutes les armes seront
bonnes pour harceler l'ennemi et tomber dans chaque dé-
filé sur ses équipages. Faites proclamer que tous ceux qui
lui fourniront une livre de pain, sont traîtres à leur pays.
Je les poursuivrai sans relâche s'ils se retirent ; je les com-

---

(1) J'avois exagéré mes forces pour donner plus de confiance à Metz.

battrai s'ils restent ; je demande que mon avis vous serve d'instruction pour venger la patrie.

Le lieutenant-général, signé A. DILLON.

# Nº. X V I.

*Lettre de A. Dillon au Landgrave de Hesse-Cassel.*

Domballe , 4 oceobre.

J'AI l'honneur d'envoyer à S. A. S. le Landgrave de Hesse-Cassel le lieutenant Lindau ; il pourra juger par l'attestation que j'ai fait donner à cet officier ( par le maréchal-de-camp Galbaud ), que la nation françoise, toujours grande , toujours généreuse , sait apprécier une belle action , estime la valeur, même dans ses ennemis.

Je saisis cette occasion pour offrir à S. A. quelques réflexions , dictées par l'humanité et la raison.

Elle ne sauroit disconvenir qu'une nation prise en masse a le droit de se donner telle forme de gouvernement qu'elle juge à proposs ; que par conséquent nulle volonté particulière ne peut paralyser la sienne : libre et absolument indépendante à jamais, la nation françoise a repris ses droits , et a voulu changer la forme de son gouvernement ; tel est le précis de ce qui se passe en France.

S. A. S. le Landegrave de Hesse-Cassel a mène en France un corps de troupes : comme prince, il sacrifie ses sujets pour une cause qui lui est étrangère ; comme soldat , il doit appercevoir la situation où il se trouve ; elle est périlleuse pour lui , il est entouré. Je lui propose de reprendre demain matin le chemin de son pays , de vuider le territoire françois ; je lui procurerai les moyens de passer en sûreté près des armées françoises, qui se sont rendues maîtresses de plusieurs points par où il doit passer. Cette proposition est franche ; je demande une réponse cathégorique et formelle. La république françoise excuse une erreur ; mais elle sait venger sans pitié l'envahissement et le pillage de son territoire.

Je vous envoie cette lettre par M. Gobert, mon adjudant-général, qui attendra votre réponse : elle est pressée ; je suis prêt à marcher.

Le lieutenant-général, commandant une armée de la république françoise , *signé* A. DILLON.

D 3

# N<sup>o</sup>. X V I *bis*.

## *Lettre du général Dumouriez à A. Dillon.*

Sainte-Menehould, le 5 octobre, l'an 1er. de la république.

Je suis, non pas inquiet, mais très curieux de votre longue canonade d'aujourd'hui, mon cher Dillon ; je suis bien persuadé que vous ne vous êtes point compromis, et que vous avez rossé les Hessois. Je vous ai mandé tantôt que Kellerman marchoit demain pour venir camper à Sainte-Menehould, et prendre après-demain votre camp de Domballe ; il n'y a encore rien de changé à cet égard : cependant il est possible que Kellermann passe demain par Grand-pré, et, au lieu de se porter à votre droite, vienne flanquer votre gauche ; en ce cas, ce changement seroit encore plus heureux pour vous, parce que vous n'auriez plus à craindre d'être attaqué sur votre gauche par les Prussiens. Js serai demain à 10 heures du matin à Autry, où j'ai donné rendez-vous à Kellermann, et c'est-là que nous déciderons si ce changement doit avoir lieu ou non.

Je vous donnerai pour nouvelle que le roi de Prusse, furieux de l'équipée qu'on lui a fait faire, s'en est pris à *Monsieur*, et l'a traité comme un *gredin*. La plus belle discorde règne entre les Prussiens, Autrichiens, Hessois et émigrés. Racontez cela à vos troupes ; c'est le plus beau moment de mettre tous nos ennemis d'accord, en les assommant tous également. Je m'en rapporte à vous, mon cher Dillon ; vous pouvez ou les jeter dans Verdun ( où on augmentera la confusion avec des boulets rouges ), ou leur faire évacuer Verdun, où vous entreriez sans coup férir.. Si cela vous arrive, ne vous y arrêtez pas du tout, et pousser sur Etain, pour châtier ce district flagorneur de despotes, et consommer les vivres qu'il destinoit aux Allemands. Je m'en rapporte à vous pour mettre de la vivacité et de l'obstination dans cette poursuite. L'appât du gain donnera des ailes à vos troupes, et la peur mettra des bottes de plomb aux jambes des ennemis.

Je vous embrasse de tout mon cœur, *signé* Dumouriez.

# N°. XVII.

Conférence *tenue entre les citoyens Labarolière et Galbaud, maréchaux-de-camp des armées de la république, d'une part; le duc de Brunswick, généralissime
des armées confédérées, prussiennes, autrichiennes
et hessoises, le général Kalkreuth et un officier hessois,
de l'autre part, le 8 octobre 1792, l'an 1<sup>er</sup> de la république, tenue en plein champ, entre le camp des alliés
et le corps de troupes légères aux ordres du citoyen Labarolière, au-dessous du côteau de Saint-Barthelemi,
à une demi-lieue de Verdun.*

LE corps de troupes aux ordres du général A. Dillon
cernoit l'ennemi en-deçà de la Meuse, et s'étendoit depuis Belleray, en passant par Sivry-la-Perche, jusqu'à
Charni. Le général Labarolière, qui occupoit les postes
à la droite de l'armée de la république, avoit poussé ses
avant-postes jusqu'à demi-portée de canon d'une redoute
que les Prussiens avoient établie au-dessous de Saint-Barthelemi, pour défendre leur gauche à la faveur d'un bois
dont il occupoit la majeure partie, et pouvoir faire avancer
ses travailleurs à portée du mousquet des vedettes ennemies.
Cette heureuse position lui procuroit journellement quelques avantages, qui néanmoins étoient très-précaires, parce
qu'il faloit continuellement passer sous le feu de la batterie
de la redoute.

Dans cet état de choses, le général Dillon chargera le
maréchal-de-camp Galbaud de placer deux pièces de 12 pour
battre la redoute. Le succès de cette opération fut complet.
L'ennemi, des les premières décharges, retira son canon,
et abandonna la redoute, que les Français ne crurent pas
devoir prendre, parce qu'ils se seroient trouvés battus d'é-
charpe par les batteries que les ennemis avoient établies à
Saint-Barthelemi. Ce succès encouragea tellement les tirailleurs français, que le général Kalkreuth crut devoir demander une conférence au maréchal-de-camp Labarolière.

Le Maréchal-de-camp Galbaud, qui s'étoit porté sur les
lieux pour voir l'état des batteries, fut invité par Labarolière de se trouver à la conférence. Ils se rendirent sur le
terrein, convenu où ils trouvèrent le général Kalkreuth, ses
aides-de-camp, un officier hessois, dont on n'a pu savoir le
nom, et plusieurs gens de leur suite. On convint d'abord
d'une suspension d'hostilités pendant la conférence, entre

nos tirailleurs et ceux des ennemis. Les uns et les autres se réunirent aussitôt derrière nous sur le bord du bois de Billemont, où ils burent l'eau-de-vie ensemble.

*Le général Kalkreuth s'adressant à Labarolière.* Je crois, Monsieur, qu'il ne vous sera pas dificile de tomber d'accord sur l'objet de ma mission. Vous savez que dans toutes les guerres, les vedettes sont convenues de s'épargner réciproquement ; cependant vos tirailleurs inquiétent sans cesse les nôtres. Je vous demande de rétablir à cet égard les anciens usages de la guerre, et de convenir que de part et d'autre les vedettes seront respectées.

*Labarolière.* Je crois, Monsieur, que la guerre autorise la conduite que j'ai tenue jusqu'à ce moment, et votre demande prouve seulement la supériorité de nos tirailleurs. Il est cependant une condition en faveur de laquelle j'entrerois dans vos vues ; ce seroit de me céder la portion du bois occupée par vos troupes ; alors tous mes postes se communiquant avec sûreté, je ne serois plus obligé de fatiguer mes tirailleurs pour m'assurer de ce qui se passe sur mon flanc.

*Kalkreuth.* Vous conviendrez, Monsieur, qu'il m'est impossible de céder sur cet article, parce que la possession entière du bois mettroit vos troupes en état de venir nous inquiéter impunément jusques dans notre camp. Voilà la réponse que je vous ferois si j'avois les pouvoirs nécessaires pour traiter sur cet objet ; mais ma mission ne porte que sur l'objet dont je vous ai parlé, et il m'est impossible de m'en écarter.

*Labarolière.* Je suis fâché que mon devoir soit un obstacle au desir que j'aurois de vous faire plaisir ; mais vous êtes trop bon militaire pour ignorer que les grands succès à la guerre ne sont souvent dûs qu'à la continuité de petits avantages. Ceux que remportoient journellement nos troupes légères, vous prouvent avec quel zèle nos armées combattent pour la cause qu'elles défendent. Il y a long-temps que le Roi de Prusse et le duc de Brunswick devroient être persuadés de cette vérité ; ils auroient sans doute agi plus politiquement, s'ils avoient calculé d'avance le sang et l'argent qu'ils alloient répandre inutilement ; ils ont, dans leur début sur notre territoire, profité de la trahison d'un pouvoir qui devoit nous défendre ; mais ils doivent voir aujourd'hui que la nation, mue dans le même sens, sera invincible. Voilà le général Galbaud qui peut confirmer ce que j'avance. C'est lui qui, par la position qu'il a donnée à notre batterie, vous a forcé d'évacuer votre redoute.

*Galbaud.* Ce qu'a dit Labarolière est de la plus grande vérité. Il y a long-temps que le Roi de Prusse auroit dû renoncer à persécuter un peuple qui ne lui a fait aucun mal. Il y a long-temps qu'il auroit dû reconnoître que, par une fausse politique, il alloit devenir la victime de l'ambition d'une cour perfide, que Frédéric sut toujours apprécier, et qui ne renonça à l'alliance de la France, que parce que la cour de Louis XV, encore plus perfide, sacrifia les intérêts du peuple à l'ambition d'un courtisan. Les tems ont bien changé. Les Français, las du joug des tyrans, ont voulu faire eux-mêmes leurs affaires. Il est bien étonnant que le duc de Brunswick ait eu la folle présomption ( passez-moi ce terme) de vouloir dicter des loix à un peuple que l'Europe entière ne pourroit soumettre, quand tous les despotes se réuniroient contre lui. Notre force consiste aujourd'hui dans l'opinion ; elle est uniforme. Les Feançais sont tous résolus à s'ensevelir sous les débris fumans et ensanglantés de leur territoire, plutôt que de renoncer à leur souveraineté. Vous en avec vu la preuve par la construction de cette batterie que nos soldats n'ont pas craint d'entreprendre à demi-portée de canon, et par la facilité avec laquelle ils ont démonté vos canons. Je n'ai rien à conseiller à Labarolière ; mais il me semble qu'à sa place je ne consentirois à ce que vous proposez, qu'autant que vous céderiez le bois en entier.

*Kalkreuth.* |Je vous ai déjà dit mon opinion au sujet de votre proposition ; mais il se pourroit faire que le duc de Brunswick qui commande l'armée, vît différemment. Si je ne craignois d'abuser de votre complaisance, je vous prierois d'attendre ici ; je vais l'avertir, et je ne doute pas qu'il ne vienne lui-même s'expliquer avec vous.

*Galbaud.* Nous nous ferons un plaisir de l'attendre. Le général Kalkreuth se retire.

Pendant son absence, le général Galbaud eut une conversation avec l'officier hessois qui, en substance, lui dit, que son *maître*, le Landgrave de Hesse, seroi ttrès-disposé à s'acocmmoder avec les Français, qu'il ne prenoit *nul intérêt aux émigrés*, et que d'ailleurs il n'étoit entré que malgré lui dans la coalition des princes ; ce qu'il dit d'ailleurs est si insignifiant, et si peu digne d'un être libre, qu'on n'a pas cru devoir retenir cette conversation.

Kalkreuth revint avec le duc de Brunswick, et un cortège nombreux.

*Le duc de Brunswick.* Comment vous appelez-vous ?

( 60 )

*Labarolière.* Je me nomme Labarolière, et mon collègue se nomme Galbaud.

*Brunswick, s'adressant à Galbaud.* C'est vous qui avez placé ces canons ? Il nous ont fait bien du mal, et j'avoue que je ne conçois pas comment il vous est venu dans l'idée de les placer si près de notre redoute.

*Galbaud.* Ce que vous me dites prouve la bonté de notre opération. A la vérité, nous étions bien près de vous ; mais nos soldats ne connoissent aucun danger quand ils travaillent pour la patrie.

*Brunswick.* Le général Kalkreuth m'a parlé de votre proposition relativement au bois ; convenez qu'elle souffriroit de grandes difficultés, si j'étois moins avare du sang humain ; mais avant de conclure cet arrangement, causons un peu de votre nation. Je l'aime et je l'ai prononcé plus d'une fois ; je suis fâché que Dumouriez, au sujet de mon dernier manifeste, ait pris la mouche pour quelque paroles insignifiantes qui s'y trouvent. Ces expressions se jettent dans le peuple ; mais des personnee instruite savent les apprécier, et je suis étonné que Dumouriez y ait donné plus de valeur qu'elles n'en ont.

*Galbaud.* Permettez-moi de vous demander si le peuple français, devenu libre, n'est pas aussi fait que le général Dumouriez pour entendre le langage de la vérité ? Jugez s'il a dû voir avec plaisir des expressions où l'on sembloit méconnoître ses droits, et s'il auroit souffert qu'un de ses généraux, oubliant le respect qu'il doit à son souverain, eût écouté celui qui ne reconnoissoit pas la souveraineté nationale ? J'avoue qu'à la place du général Dumouriez, j'en aurois fait tout autant que lui.

*Brunswick.* Je ne dispute nullement à votre nation le droit de régler son gouvernement ; mais a-t-elle choisi la forme qui convient le mieux à son caractère ? Voilà ce dont on doute généralement en Europe, et certes quand je suis venu en France, je n'avois d'autre but que de concourir à rétablir l'ordre !

*Labarolière.* Permettez-moi de vous demander quelle est la puissance qui vous auroit placé intermédiaire entre le peuple français et son intérêt ?

A cet instant, Galbaud regarde et apperçoit à deux pas de lui, à cheval, le ci-devant maréchal-de-camp Klinglin, vêtu en uniforme et cocarde blanche. Dans sa surprise, il s'écrie : Eh ! c'est M. Klinglin ! Celui-ci ne répondit rien. Kalkreuth parlé bas à l'oreille à Brunswick. Celui-ci

fait à Klinglin le geste le plus méprisant ; aussitôt Klinglin se retire en arrière, fort honteux de cette réception.

*Brunswick.* Vous voyez comment je traite les émigrés ;
je n'ai jamais aimé les traîtres. Faites-en tout ce que
vous voudrez, peu nous importe ; mais j'insiste pour que
la nation française, connoissant mieux ses intérêts, re-
vienne à des principes plus modérés.

*Labarolière.* Je demanderai au duc de Brunswick si
si c'est l'auteur du manifeste qui parle ; alors je ne puis
lui répondre qu'à coups de canons. Si c'est au contraire
l'ami de l'humanité qui nous tient ce langage, je lui dirai
que la meilleure preuve qu'il puisse nous donner de ses
heureuses dispositions à notre égard, est d'évacuer le territoire français, avant que nos armées, qui se grossissent
journellement, ne l'y forcent. Nous savons que les Prussiens
sont accablés de maladies, qu'ils perdent journellement
des hommes et des chevaux. Dans cet état de choses,
ils ne peuvent résister long-temps ; ainsi je crois que leur
intérêt veut qu'ils épargnent une inutile effusion de sang.
Si vous voulez traiter pour la reddition de Verdun, je
ne doute pas que la nation n'accorde aux Prussiens toutes
les facilités qui peuvent se concilier avec ses intérêts et la
vengeance qu'elle doit tirer de la violation de son territoire.

*Brunswick.* Le Français est une nation bien étonnante ; à
peine s'est-elle déclarée république, qu'elle prend déjà le
langage des républicains. Au reste, je ne puis dans ce moment rien vous dire sur cet objet, ni sur celui qui m'a amené
auprès de vous; il faut que je parle au roi. Convenons, pour
24 heures, d'une suspension d'hostilités entre nos vedettes ;
que tout reste *in statu quo* ; demain le général Kalkreuth
viendra vous trouver ; il a la confiance du roi, et soit le général Dumourier, soit celui qu'il commettra à ce sujet,
pourra conférer avec le général.

Je suis charmé d'avoir fait votre connoissance. Quant à
vous, général Galbaud, j'ai vu avec plaisir un ancien officier d'artillerie. Vous m'avez montré, par votre batterie, un
échantillon des talens de l'ancien corps royal. Continuez
l'un et l'autre à bien servir votre patrie, et croyez que malgré la teneur des manifestes, on ne peut s'empêcher d'estti-
mer ceux qui travaillent avec loyauté à assurer l'indépen-
dance de leur pays.

*Kalkreuth.* Permettez, messieurs, qu'en vous demandant
votre amitié, je vous accompagne quelques pas.

Brunswick se retire, les tirailleurs françois quittent les

Prussiens, en criant, *vive la nation* ! Ce cri étonne Kalkreuth, qui demande s'il y a sûreté pour lui.

*Galbaud.* La loyauté française vous est un garant certain de votre sûreté.

A quelques pas de-là, Kalkreuth retourne à son camp.

*Je certifie les détails de le conférence ci-dessus, conformes à tout ce qui s'est passé.* Le maréchal - de - camp, *signé* GALBAUD.

## Nº. XVIII.

*Sommation de A. Dillon au commandant prussien à Verdun.*

Au camp de Regret sous Verdun, le 1 octobre 1792, l'an 1er de la république, à 11 heures du matin.

Le général Dillon, commandant une armée française actuellement campée sous Verdun, propose à monsieur le commandant de sa majesté prussienne dans Verdun et citadelle, de lui céder cette place, et de l'évacuer à l'instant, ou dans un délai qu'il prendra dans la journée. A cette condition, le général Dillon donne l'assurance de ne point inquiéter la retraite des troupes prussiennes, et même de protéger le transport et l'evacuation des malades en état d'être transportés ; il prévint M. le commandant, que s'il accepte cette proposition, tendante à éviter une inutile effusion de sang, il préviendra par-là un siége meurtrier, qui commencera dès aujourd'hui.

Je lui envoie le lieutenant-colonel Schenetz, mon aide-de-camp, pour lui remettre cette lettre ; je le charge de me rapporter la réponse la plus positive.

Le lieutenant-général, commandant l'armée sous Verdun, *signé* A. DILLON.

## Nº. XIX.

CONFÉRENCE *des généraux Dillon et Galbaud, avec le général Kalkreuth, tenue à Glorieux, le 11 octobre 1792, l'an 1 . de la république.*

Le général de Courbières, gouverneur de Verdun pour le roi de Prusse, après avoir reçu la sommation qui lui avoit faite le général Dillon, envoya à son camp de Regret, demander une sorte de suspension d'hostillités, seulement entre les tirailleurs, ceux de l'armée françoise ayant été jusques sous les murs de la place.

Le général Kalkreuth fit demander en même temps une conférence avec le général Dillon. Il fut convenu provisoirement que, pour la facilité de cette conférence, le village de Glorieux seroit réputé neutre ; qu'en conséquence une troupe françoise garderoit la tête du village du côté de l'armée françoise, et qu'une troupe prusienne garderoit l'autre extrémité ; que de part et d'autre on empêcheroit les tirailleurs d'approcher.

Ces préliminaires remplis, le général Dillon et le maréchal-de-camp Galbaud se rendirent au rendez vous indiqué, où ils trouvèrent le général Kalkreuth.

Il s'annonça comme n'ayant aucune mission particulière, mais comme charmé de pouvoir coopérer de tous ses moyens à une réconciliation sincère entre la nation françoise et le roi de Prusse,

*A. Dillon.* Vous connoissez, général, la teneur de la sommation que j'ai faite, comme un des généraux de la république, au commandaut prussien à Verdun : il me faut une réponse prompte. Il est plus que temps que les armées étrangères évacuent notre territoire. Cette condition est un préalable rigoureux à tout accommodement ; elle est le résultat d'une délibération du conseil exécutif de la république, sanctionnée par la convention nationale.

*Kalkreuth.* Je n'ai aucune mission particulière ; mais ayant professé de tout temps une haute estime pour la nation françoise, je me trouverois trop heureux si je pouvois concourir à un accommodement également avantageux pour les deux nations. Je sais que le roi est très-disposé à écouter toute proposition honorable, et qu'il ne tiendra pas à lui qu'on y parvienne promptement.

A. *Dillon.* Vous n'ignorez pas que de tout temps la nation française a estimé les Prussiens ; qu'elle a toujours blâmé le monstrueux traité de 1556 : mais alors les peuples étoient esclaves, et la volonté arbitraire des rois, souvent guidés par l'intérêt particulier de leurs courtisans, régloit la destinée des nations. Vous savez que Frédéric ne pouvoit croire à une telle alliance, qu'il fut long-temps à traiter avec l'Angleterre.

Passons l'éponge sur ces trahisons politiques ; et puissent les deux nations, connoissant mieux leurs intérêts, se réunir contre leur ennemi commun !

*Kalkreuth.* Croyez, encore une fois, qu'il ne dépendra pas de moi que cet heureux événement n'arrive promptement. Je n'ai point été consulté sur la guerre présente ; je la trouve aussi impolitique de la part du roi , que celle de 1756 l'étoit de la part de Louis XV : mais , dans cette dernière occasion , on a suivi l'impulsion donnée à l'Europe entière , par la crainte de voir se propager des opinions qui ne conviennent point aux princes.

A. *Dillon*. La révolution française a été amenée par l'expérience de 14 siècles ; la nation entière est d'accord , et elle a lieu de s'étonner que des puissances étrangères soient venues s'ingérer dans ses affaires domestiques ; qu'elles aient craint son ambition , sur-tout d'après la sublime déclaration de ne point commencer de guerre dans la vue de faire des conquêtes.

Convenez, général , qu'une telle déclaration devoit procurer à la France autant d'amis qu'il y a de philosophe en Europe.

*Kalkreuth* Rien de plus noble sans doute que cette déclaration : mais quelle caution la France donnera-t-elle de sa persévérance dans ce systéme?

*Dillon*. Son intérêt , et sur-tout la loyauté et la franchise qui doivent servir de base à tous gouvernement républicain. Que le roi de Prusse réflechisse sur cette vérité , et il regrettera d'avoir fait couler le sang de ses peuples , et dissipé ses trésors , sur-tout quand il considérera que son véritable intérêt étoit de s'unir à nous pour humilier l'orgueilleuse maison d'Autriche qui convoitis la *Silésie* , et qui ne voit qu'à regret celle de Brandebourg jouer un des premiers rôles en Europe ; mais , quoique comme vous je n'aie aucune mission , je vous le répete , il faudra , avant de traiter d'aussi grands intérêts, que les armées prusiennes évacuent le territoire français , et que le roi de Prusse reconnoisse la république et les pouvoirs délégués à la convention nationale.

*Kalkreuth*. La sommation que vous avez faite seroit susceptible de bien des observations ; vous dictez des loix , et cependant vous n'avez encore gagné aucune bataille. Nos armées combinées sont aussi fortes que les vôtres ; vous aurez Verdun ; mais si nous nous obstinons à le garder , vous ne pourrez y entrer qu'aprés une victoire. J'espère que notre conduite, en vous remettant la place, vous prouvera le desir du roi de s'arranger avec la France.

A. *Dillon*. Cette première affaire terminée , il en restera une autre non moins importante ; c'est la remise de Longwy. Le roi de Prusse peut, par la prompte évacuation de cette place, prouver son desir de s'accommoder avec la république,

blique, et je ne vous cache pas qu'on y fera marcher deux cents mille hommes s'il le faut.

*Kalkreuth.* La place de Longwy n'est pas occupée par les troupes du roi ; ainsi cette évacuation ne le regarde pas directement ; ce qu'il pourroit promettre, ce seroit de ne se mêler en rien de sa défense ; je crois même pouvoir vous assurer que ses troupes n'y prendront aucune part.

A. *Dillon.* Cette assurance ne suffit pas ; il faut que l'influence du roi décide l'évacuation de cette forteresse sans effusion de sang, et qu'il effectue par ce moyen sa sortie du territoire de la république.

*Kalkreuth.* Je n'ai reçu aucun pouvoir pour traiter. Cette conversation n'est que confidentielle ; mais je suis persuadé qu'il ne sera pas difficille de l'amener le premier à déterminer l'évacuation de Longwy aussi facilement que celle de Verdun.

A. *Dillon.* Le roi de Prusse pourroit en ce moment donner une preuve convaincante de ses disposions pour la nation françoise ; ce seroit de séparer entièrement ses armées de celles de ses alliés, et de ne cesser, comme il l'a fait jusqu'à présent, de protéger et de couvrir leur retraite.

*Kalkreuth.* Vous savez que quand des voyageurs se sont promis de faire une route ensemble, l'honneur veut qu'ils l'achèvent conjointement ; mais ce n'est pas une raison pour qu'ils recommencent une nouvelle route. Je pars rempli d'estime pour la nation françoise et pour vous. Je rapporterai au roi notre conversation, et je ne doute pas du succès de mes démarches pour en obtenir une heureuse issue.

A. *Dillon.* Adieu, général ; j'espère que la campagne prochaine ne s'ouvrira pas, sans que la France et la Prusse ne soient réunies ; que vous aiderez à affranchir les Pays-Bas. Rappelez bien au roi de Prusse qu'il ne sauroit avoir une plus belle alliance que celle d'un peuple libre.

*Kalkreuth.* Reposez-vous sur moi ; croyez que personne n'apprécie mieux les avantages immenses d'une telle alliance ; puissé-je aller moi-même à Paris la négocier ! Sûr de la loyauté françoise, les affaires ne seront pas longues à terminer.

*Nous certifions les détails de la conférence ci-dessus, conformes à tout ce qui s'est passé. Le lieutenant-général,* signé A. DILLON. *Le maréchal-de-camp,* signé GALBAUD.

E

## N°. X X.

*Lettre du général prussien Courbière, commandant à
Verdun, à A. Dillon.*

Verdun, le 11 octobre 1792.

### MONSIEUR,

J'ai ordre du roi de vous marquer, en réponse à la sommation que vous m'avez faite, d'accorder demain douzième du
courant, dans la matinée, la porte de Secours, qui sera occupée conjointement par les troupes du roi et par les troupes françaises.

Le terme de l'évacuation entière de Verdun pourra avoir
lieu le 14, et les malades transportables suivront sur des
voitures du pays que l'on paiera.

C'est d'après cela que je suis autorisé à convenir des points
de la capitulation.

C'est au reste avec les sentimens de la considération la
plus distinguée que j'ai l'honneur d'être,

MONSIEUR,

Votre très-humble et très-obéissant serviteur,

*signé*, DE COURBIERE. lieutenant-général
au service de prusse.

## N°. X X I.

*Extrait du registre des délibérations de la maison com-
mune de Sainte-Menehould.*

Sainte-Menehould, le 19 octobre 1792, l'an 1er de la république
Française.

En l'assemblée du conseil général permanent de la commune de Sainte-Menehould ;

Le procureur de la commune a dit que le général Arthur
Dillon et le maréchal-de-camp Galbaud, étant partis de cette
ville inopinément, il n'avoit pu proposer d'aller leur présenter les remerciemens qui leur sont dus pour les services
par eux rendus à la patrie, et particulièrement à cette ville,
qu'ils ont délivrée, par leur activité et leur bravoure, de
l'invasion des ennemis qui, pendant un mois, ont environné
son territoire.

La matière mise en délibération,

Il a été arrêté que le corps du conseil général de la commune, attendu le retour du général Dillon et du maréchal-
de-camp Galbaud, se transportera dans les maisons où ils

sont logés, à l'effet de voter les remerciemens qui sont dus à ces officiers, et il sera consigné sur le présent registre de délibérations, que le 3 septembre dernier, à la nouvelle de l'arrivée du général Dillon, le maréchal-de-camp Galbaud a pris poste à la côte de Biesme avec les troupes qu'il commandoit : que ledit jour, Arthur Dillon, lieutenant-général, commandant l'avant-garde de l'armée Dumouriez, après une marche forcée à travers les bois et défilés, en présence de l'armée ennemie, est arrivé à la côte de Biesme, y a pris poste le 5, l'a converti en une forteresse inattaquable par les redoutes, les batteries qu'il y a établies, et a défendu l'entrée du pays par des abattis dans les bois, et en portant de droite et de gauche des troupes.

Que c'est à la côte de Biesme que le général Dillon a arrêté, avec moins de 10,000 hommes, l'armée combinée des Prussiens, des Autrichiens, des Hessois et des émigrés, forte de plus de 100,000 hommes, commandée par le duc de Brunswick, et où étoient en personne Frédéric-Guillaume, roi de Prusse, et ses fils ;

Que c'est le général Dillon qui, par sa bravoure, sa vigilance, son activité et ses sages et savantes dispositions, a sauvé Ste-Menehould de l'invasion et du pillage de l'ennemi.

Que le maréchal-de-camp Galbaud a parfaitement secondé le général Dillon dans toutes ses opérations.

*Pour ampilation*, signé BANCELIN, *secrétaire*.

*Je certifie que les 22 pièces justificatives accompagnant mon compte rendu au ministre de la guerre, sont véritables et parfaitement conformes aux originaux entre mes mains, ou consignés dans mes registres, lesquels je suis prêts à représenter si j'en suis requis.*

A Paris, le 1er. novembre 1792, l'an 1er de la république françoise.

Le lieutenant général, *signé* A. DILLON.

# Nº. XXII.

Paris, le 19 novembre 1792, l'an premier de la république.

## CITOYENS LÉGISLATEURS,

MANDÉ par le conseil exécutif pour rendre compte de ma conduite dans cette campagne, au moment où je conduisois une armée victorieuse à la poursuite des ennemis, j'ai obéi à cet ordre, et j'ai rendu ce compte avec la simplicité et la vérité qui doivent former le caractère d'un soldat républicain et d'un homme irréprochable.

Convaincu que les soupçons élevés contre moi ne pouvoient avoir leur source que dans l'ignorance où l'on paroissoit être des faits qui me sont relatifs, persuadé que, devant un gouvernement libre, chaque citoyen a le droit d'être éclairé sur les moindres détails de la conduite d'un fonctionnaire public, j'ai dû, en me justifiant auprès du conseil exécutif, soumettre à mes concitoyens le compte que je lui avois rendu, et en conséquence je l'ai livré à l'impression. J'affirme ici, devant les représentans du peuple, l'exacte vérité de tout ce qui y est contenu.

Chacun a pu y voir si j'ai démérité de ma patrie, ou si au contraire je n'ai pas coopéré de tout mon pouvoir à chasser les armées des despotes de la terre sacrée de la liberté. Le poste de Biesme, où j'ai constamment arrêté les armées combinées et repoussé leurs attaques ; l'heureuse affaire d'Autrecourt, qui a déterminé la fuite de 20,000 Autrichiens ou Hessois ; mon camp offensif de Sivry-la-Perche, avec moins de 16,000 hommes contre 50,000, et enfin la reprise de Verdun, sans effusion de sang ; voilà des faits que je pourrois opposer à une injuste prévention.

J'avois lieu de me flatter, citoyens législateurs, qu'avant de retourner aux combats, il me seroit permis, en vous rendant mes hommages, de renouveler dans votre sein le serment gravé dans l'ame de tout soldat français, celui de combattre jusqu'à la mort les despotes ; mais le conseil exécutif, dont je n'ai pu savoir les motifs, qui s'est tenu à mon égard dans une réserve qui ressemble fort à l'arbitraire de l'ancien régime, m'a déclaré qu'il ne me rétablissoit pas dans mon commandement, en m'offrant l'expectative d'une pension de retraite honteuse. Cette décision me voue à l'inutilité au moment où la république a besoin des bras de chacun de ses soldats, et il m'attaque jusques dans mon honneur.

Citoyens législateurs, l'estime de mes compatriotes est le premier besoin de mon cœur, et la justice est le premier bienfait d'un gouvernement libre. J'ai le droit à la réclamer ; on pourroit me croire coupable si je ne la sollicitois vivement. C'est à vous que je m'adresse, vous à qui le peuple souverain a remis tous ses pouvoirs, et en qui il a placé une confiance sans réserve.

Vous avez, le 12 octobre dernier, en passant à l'ordre du jour sur les inculpations qui m'étoient faites, décrété que

que vous ajourniez toute décision jusqu'après le compte rendu par le conseil exécutif.

C'est l'exécution de ce décret que je viens réclamer aujourd'hui ; qu'il me soit permis sur-tout de connoître toutes les inculpations , et je suis assuré d'y répondre victorieusement.

Je vous supplie donc de décréter que l'examen de ma conduite sera renvoyé à vos comités , ainsi que cet exemplaire de mon compte rendu, que je signe comme pièce authentique, et que je demande la permission de déposer sur le bureau.

*Le lieutenant-général ,* signé A. DILLON.

que vous assuriez tous c[eux] [...] le chapitre
rendu par le conseil général.

C'est en conséquence de ce devoir que je viens réclamer aujourd'hui, [...] mon zèle [...] de connaître
[...] vos relations, et je serai flatté d'y répondre
victorieusement.

Je vous engage donc de chercher que l'examen donna
[...] renvoyé à vos comités, ainsi que l'exemplaire de mon compte rendu, que je signe comme pièce
authentique, et que je demande la permission de déposer
sur le bureau [...]

Le Lieutenant-Général, signé A. Durcou.

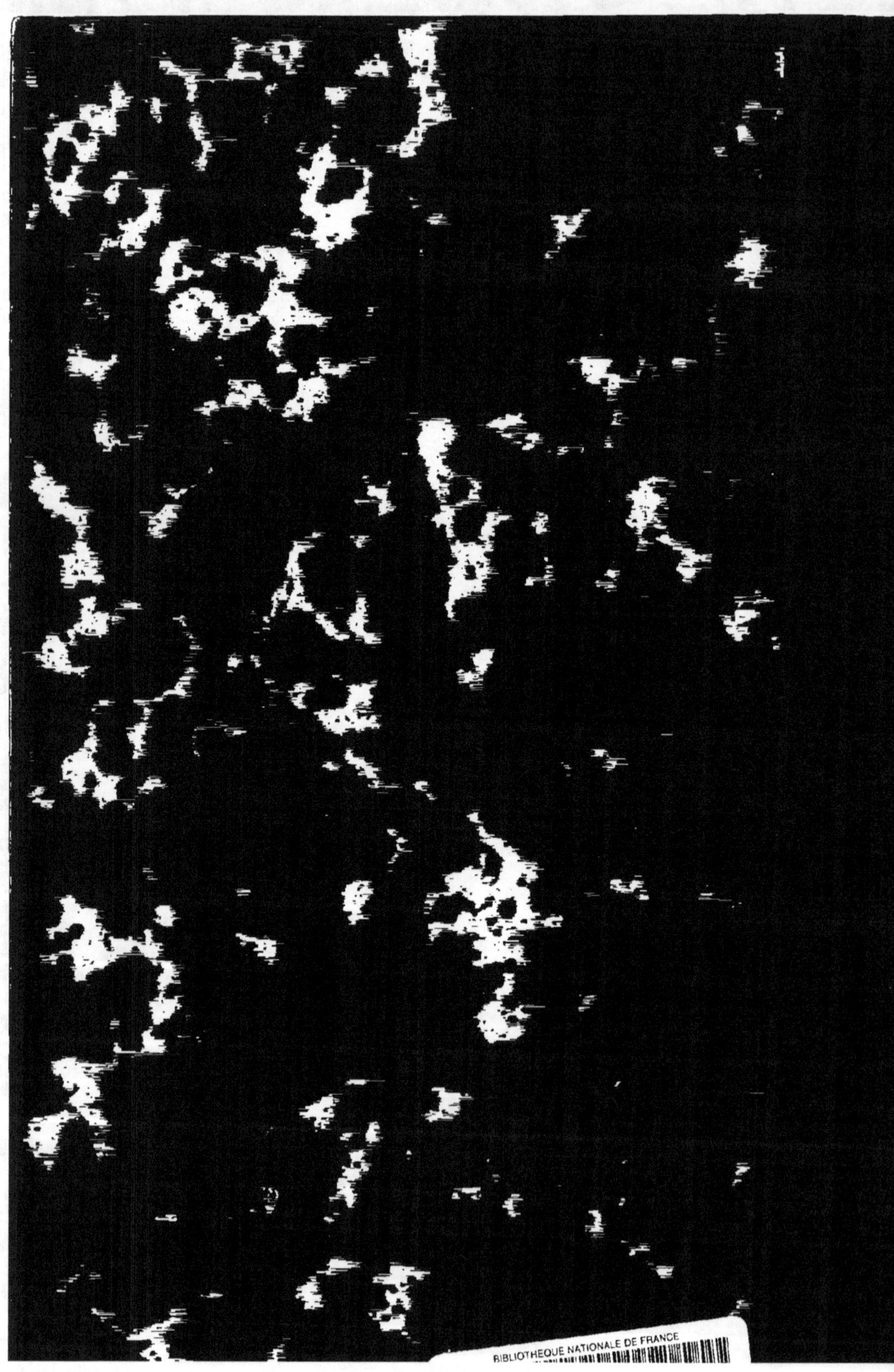